लटके-झटके

(हरियाणा का हास-परिहास)

लटके-झटके

(हरियाणा का हास-परिहास)

लेखक

राजबीर देसवाल

सम्पादिका

चन्द्र कौमुदी

बुक्स फॉर ऑल

दिल्ली-११००५२

प्रथम प्रकाशन २००१

द्वितीय प्रकाशन २००४

लेखक - **राजबीर देसवाल**

सम्पादिका - **चन्द्र कौमुदी**

ISBN : 81- 7386-265-6

मू 125/-

प्रकाशक

बुक्स फॉरं ऑफ

(एन इम्परिन्ट ऑफ लो प्रॉइज़ पब्लिकेशन्स)

ए-६, नीमडी कॉमर्शियल सेन्टर,

अशोक विहार फेज़ - IV, दिल्ली - 52

फोन : 27401672, 27452453

मुख्य आवरण एवं रेखा चित्र - **राजबीर देसवाल**

सम्पर्क

सहायक निदेशक, पुलिस अनुसंधान ब्यूरो,

सी.जी.ओ. काम्पलैक्स, नई दिल्ली

फोन : 26882068 (आवास)

24363872 (कार्यालय) मोबाइल : 9810235041

email : rajbirdeswal@yahoo.com

दिल्ली निवास : मकान नं. 178, डी-II,

किदवई नगर (वेस्ट), नई दिल्ली-110023

मुद्रक : डी० के० फॉईन आर्ट प्रैस प्रॉ० लि०, दिल्ली - 52

भारत में प्रकाशित

समर्पित

स्वर्गीय श्री बिशन दास बिन्दल

बी.एस.सी.एल., एल.बी., वकील

(1919–1996)

प्राक्कथन

हंसने-हंसाने वालों की कमी के लिए मशहूर अपने देश में खिलखिलाहट बिखेरने वाले व्यक्ति ढूंढ पाना चाहे असंभव नहीं तो मुश्किल ज़रूर हैं। राजबीर देसवाल ऐसी ही एक शख्सियत हैं जो भारतीय पुलिस सेवा में हरियाणा काडर के अफसर हैं। ये काफी से ज्यादा विषयों में रूचि रखते हैं और एक बहु-आयामी प्रतिभा के मालिक हैं। एक लम्बे अरसे से दि ट्रिब्यून और हिन्दुस्तान टाइम्स में लिख रहे हैं।

एक हास्य लेखक के लिए दुनिया में कोई भी बख्शी जा सकने वाली चीज़ नहीं होती और वे ईश्वर, धर्म, धर्माधिकारियों, साधु-संतों, राजा-रानी और दरबारियों से लेकर आम आदमी तक सभी को एक लाठी से हांक कर उनका मखौल बना सकते हैं। जहां-जहां शासक या समाज निरंकुश तेवर अपनाकर व्यक्ति की अहमियत को ताक पर रखने का दुस्साहस करते हैं वहां और भी ज्यादा हास-परिहास और हास्य-व्यंग्य प्रधान चुटकले जन्म ले लेते हैं।

पाकिस्तान काफी लम्बे समय से तानाशाह फौजी हुक्मरानों के साये में रहा है और वहां सामाजिक व्यवहार के नियम मौलवी लोग

निर्धारित करते हैं। इसी वजह से वहां शासकों से संबंधित हास्य-साहित्य हमारे देश की तुलना में अधिक मात्रा में उपलब्ध है। अपने देश में सर्वाधिक मात्रा में हास्य-साहित्य व चुटकलों का चलन श्रीमती इंदिरा गांधी के आपातकालीन शासन के दौरान शुरू होना महसूस किया गया।

भारतीय चुटकुलों की खुराक ज्यादातर जाति या वर्गों से उपलब्ध रहती है जिसमें अधिकांशतः सरदार, जाट, बनिया, मारवाड़ी, मियां-भाई, पारसी लोग होते हैं। हरियाणा के हास्य का अपना ही एक ब्रांड है जो ठेठ देहाती, पुष्ट और खरा है। ये परिष्कृत भाषा के लिए कतई नहीं है बल्कि छींटाकशी व जुमलों के लिए है जिनकी चोट एक हथौड़े की माफिक प्रहार करती है और जो किसी तरह की लट्ठबाज़ी से कम नहीं है। हरियाणवी बोली में ही इनका सबसे ज्यादा आनन्द लिया जा सकता है।

राजबीर देसवाल की पकड़ इस आनन्ददायक शैली को लेकर न केवल हिन्दी वरन् अग्रेजी में भी बखूबी महसूस की जा सकती है। आप यकीनन इनके हर चुटीले चुटकले का मज़ा उठाएंगे।

K. Khushwant Singh

खुशवन्त सिंह

नई दिल्ली

मार्च 15,2001

मेरी बात

हर आदमी की एक कहानी हुआ करती है। मेरी भी है। और जिसकी कहानी नहीं होती, उसकी भी कहानी होती है। कहानी का सफर युगों से गुज़रता है तो सामयिक ग्रंथ बन जाते हैं। सहस्त्राब्दियों, सदियों से गुजरता है तो इतिहास बन जाता है। दिन, महीने, सालों से गुजरता है तो जिंदगी बन जाती है और यही एक पल, एक लम्हे, एक क्षण से होकर जाता है तो गम और खुशी बन जाते हैं। गम के जुदा-जुदा आयामों के साथ-साथ आनन्द, गुदगुदी, कसक, छेड़छाड़, हास-परिहास, चुटकियां इत्यादि खुशी के पलों की धरोहर बन जाते हैं।

हरियाणा के संदर्भ में हंसी-मखौल को संवारने, समेटने व सहेजने की चेष्टा अनायास ही कर बैठा हूं मैं। अनायास इसलिए कि पता भी नहीं लगा कि हंसी-हंसी में करीब दो दशकों के लेखन में जो बात ज्यादा मुखर हुई लगती है वह है हंसी-मखौल के लिए मेरी वरीयता। जीवन में यदि मसखरापन नहीं तो कहानी नीरस न सही मगर एक रोज़-रोज़ पहनने वाली पोशाक बन जाती। हंसी-खुशी के चाहे पैबन्द ही सही, जिन्दगी के लिबास को ओढ़ने-पहनने लायक रंगत और चाहत अवश्य दे देते हैं।

मेरा प्रयास रहा है कि पाठकों को एक विशुद्ध हंसी-मखौल से भरा, खिलखिलाता समां दूं, चाहे कुछ देर के लिए ही सही, जो शुद्ध भाषाई शैली में न सही मगर खड़ी और लठमार बोली या देसज मुहावरों में यकीनी तौर पर दाखिला ले जाता है तथा जिसमें किसी प्रकार की अश्लीलता या भौंडेपन का स्थान नहीं रह जाता।

जहां इस संकलन को प्रकाशन के लिए प्रोत्साहित करने के लिए सरदार खुशवन्त सिंह एवं श्री विजय सहगल का आभारी हूं वहीं श्री ओम थानवी का तहे-दिल से शुक्रगुज़ार हूं कि जनसत्ता, चंडीगढ़ के स्थानीय संपादक होते हुए उन्होंने *सुणता जाइऐ* नामक मेरे कालम को सप्ताह में पांच दिन करीब एक साल तक रोज़ प्रकाशित किया। *लटके-झटके* वास्तव में *सुणता जाइऐ* का ही संकलन है। अपनी ध ार्मपत्नी श्रीमती चन्द्र कौमुदी का विशेष तौर पर पुस्तक के सम्पादन के लिए और निरंतर लेखन हेतु प्रेरित करते रहने के लिए अहसानमंद हूं और शायद दोषी हूं अपने दोनों पुत्रों सावन और सागर का जिनकी परवरिश का बहुत अमूल्य समय मैंने कभी-कभी इस तरह के प्रयासों के लिए चुराया है। तरन्नुम हमारे परिवार की नई और अहम् सदस्या है। बाऊ जी तो मेरे जन्म ही से एक पूर्णता का एहसास मुझे कराते रहें हैं।

आरंभ में मैंने कहा था कि मेरी भी एक कहानी है...... मगर अभी शायद कुछ और बाकी है। अंग्रेजी में करीब एक दशक पहले छपी **'विट एंड ह्यूमर ऑफ हरियाणा'** ; **'कल्चर : ब्राइट एण्ड डार्क'** और **'तारों के जंगल'** के अलावा करीब 500 प्रकाशित लेखों का माध यम बन कितनी ही ऐसी चेष्टाएं मेरी कहानी का हिस्सा बन चुकी हैं। अब आगे और क्या-क्या बनने वाला है, मुझे नहीं मालूम। एक और बात। ये महज़ चुटकले नहीं हैं जो आपकी नज़र कर रहा हूं बल्कि इनमें आपको किसी न किसी रूप में ठोस हरियाणवी संस्कृति का कोई न कोई पहलू परिलक्षित होता दिखाई देगा। यहां किसी भी तरह से किसी भी व्यक्ति या वर्ग विशेष की भावनाएं आहत करने की मंशा नहीं है। बस आपका स्नेह चाहिए।

राजबीर देसवाल

नई दिल्ली

विषय सूची

1. सुविधा शुल्क 1
2. कहीं और बैठ 2
3. लांडा बादंर 2
4. कुछ नहीं बिगड़ा 3
5. जाट का छोरा 4
6. लीलू अंग्रेज़ 6
7. ये दिल्ली है 7
8. फायदा 8
9. इब आ 9
10. समझौता 10
11. पछेती फसल 11
12. हम कहां जाएंगे? 12
13. बाराती की ज़िद 12
14. गुलगुले 13
15. बहू बना दे 14
16. मीठे का परहेज 15
17. गोदान 17
18. आर्य पुत्र 18
19. आदत पड़ जाएगी 18
20. हजार एकड़ 19
21. खोज 20
22. जाट विद्या 21
23. फेर तो दो ल्यूंगा 22

24. जनाब 23
25. आधा दिये 23
26. म्हारै कोनी रहवै 24
27. बोल-बाला 25
28. ठीक करया 26
29. शेर की बे-बे 28
30. मोडे का मन 29
31. तू कूण सै? 30
32. न आने का कारण 30
33. मरण का दिन 31
34. नुक्सान जारी है 32
35. फीकी मिठाई 33
36. उल्टी गंगा 34
37. धरती का बोझ 36
38. घर की बदबू 37
39. शंका दूर हुई 38
40. जैं मींह आग्या 40
41. राबड़ी 41
42. लठ गाड़ दिया 41
43. रेडियो सिलोन 42
44. गोली लगी? 43
45. जीजा-फूफा 44
46. पाड़ ल्यूंगा 45
47. जाट की छोड़ 46
48. डाढ़ी आले 46
49. बाऊ नाई 48

50. यू धोला कोनी 49
51. रे मेरा पटवारी 50
52. रे भाई, जुलाणा आग्या ? 52
53. भाइयां की किरपा 53
54. उजड़ ली होगी 54
55. पूरा देहाती 55
56. पौं-पौं-पौं ! 56
57. माणस बण जा 57
58. चादरे का जिकरा 58
53. न्यूयार्क और क्योड़क 59
54. मरा बटा ब्लैडी 60
55. फौजी आया गांव 61
56. तेथण 63
57. पाणीं पिलाणां 64
58. किसान का व्यापार 65
59. मेरा-ए काम सै 66
60. लिफ्ट का कमरा 67
61. चंडीगढ़ की नौकरी 68
62. नास होण दे 69
63. कच्छे-कच्छे पहर कै 70
64. जाण दे ! 71
65. जाट की लुगाई 72
66. जाय-रोया ऊंट 73
67. चढ़ाण आया था 75
69. शटाक 76
70. नोट की आंख 77

71. नई किस्म 78
72. मरोड़ का डाहला 79
73. पाई का हरफूला 80
74. यादे कोनी दी 81
75. थूक राख्या था 81
76. कोई और भी काम था? 82
77. गंगा की मींडकी 83
78. रेल का काटडू 84
79. मुर्गे की फसल 85
80. जिला जींद 86
81. हम्बै 87
82. माड़ा सा ढीला 88
83. जहाज़ गेरणा 89
84. नथ का सवाल 90
85. एकला कोन्यां यो 91
86. मुसीबत का द्वार 93
87. ताता-मीठा 94
88. डबो-डबो कै 95
89. उस की भी सुण ल्यो 96
90. पत की खपत 97
92. मैं हे बावला था 99
93. माणसां की मान 100
94. जी लिया मेरे शेर ! 101
95. बहादुरगढ़ का थानेदार 102
96. मर्द 103
97. कर देवैंगे हजूर 104

98. किस्सा कुर्सी का 105
99. अपने अपने दाव 106
100. गाम छोड़ ज्यांगा 107
101. चढ़ाई क्यूं थी ? 108
102. जै गां उखड़गी ? 109
103. मूंछ और ब्रेक 110
104. धरती नहीं घूमती 110
105. जवान नहीं तै जरनैल सही 111
106. डर के मारे 113
107. छूटतैं-ऐ 115
108. कमाया होगा 116
109. रै बैठ ज्यो 118
110. कल्पना 119
111. मोडरन 121
112. हलवाई 122
113. सपैलिंग गलत थी ? 122
114. खूंटी 124
115. चुपड़ी रोटी 125
116. पल्टू हल सै 126
117. बंगले का डरावा 127
118. अचार के साथ 128
119. बावली बहन 129
120. रलम-फलम 130
121. बेरा तो मन्नै भी था 130
122. देसां का ऊत 131
123. 'पावर' अपनी-अपनी 132

124. मेरा क्या कसूर? 133
125. खेत वाली बात 134
126. थे भी तो के थे? 135
127. कित-कित रोवैगी? 136
128. गोरमिन्टी काम 137
129. इसे फैसले कूण करैगा? 138
130. मैं के भूत काढ़ूं सूं! 139
131. गीदड़ का मशविरा 140
132. मन्नै कोनी जाणदा 141
133. लांस-नायक 142
134. कोई भाजैगा! 144
135. तू के मदारी सै? 145
136. तुरंत असर होगा 145
137. मलिक साहब 146
138. गुरु के चेले 147

सुविधा शुल्क

एक चाय की दुकान पर दो व्यक्तियों में लड़ाई हो गई। पहले ने दूसरे को गाली दी थी। दूसरे ने आपत्ति की और झगड़ा हो गया। इतने में वहां गश्त करता एक हवलदार आ गया। मामला उसके सामने रखा गया और उसने गाली देने वाले को पांच रुपए 'जुर्माना' लगा दिया। बाद में उसी पैसे से हवलदार ने चाय का प्याला मंगवा लिया। वह चुस्की ले-लेकर चाय पीने लगा जबकि दोनों व्यक्ति पास खड़े उसका मुंह ताकते रहे।

हवलदार ने उन्हें दौड़ जाने को कहा, मगर गाली देने वाले से पूछे बिना नहीं रहा गया, "क्यूं दीवानजी, जै मैं इस भाई नै गाली नहीं देता तो तूं चाह (चाय) क्यूंकर पीवता?"

एक पुलिसिया 'सुविधा-शुल्क' लेने के लिए बड़ा बदनाम था। उसकी शिकायत हुई और उसे शमशानघाट ड्यूटी पर लगा दिया गया। उसकी वहां तैनाती के दौरान एक कुम्हार लकड़ियां डालने आया। पुलिसिये ने कुम्हार को टोका, "ओए! तेरे गधे कै बैक बत्ती (पिछली लाईट) तै कोनी, काढ जुर्माना पांच रपिये।"

★★★

कहीं और बैठ

बसों इत्यादि में सफर करते हुए बूढ़ों के टोटके व फब्तियां अपने आप में काफी मज़ेदार होती हैं। एक बार एक बस में किसी की सीट पर एक बूढ़ा देहाती बैठ गया। सीट वाला यात्री आकर बूढ़े से झगड़ा करने लगा। इस पर बूढ़ा उठकर ड्राइवर वाली सीट पर जम गया। जब ड्राइवर आया तो उसने बूढ़े से उठने को कहा। बूढ़े ने विरोध किया और पूछा कि तमाम बस में केवल वह ही उस सीट से क्यूं उठे? ड्राइवर बोला, ''ताऊ मन्नैं गाडी चलाणी सै।'' बूढ़ा तपाक से बोला, ''रै छोरे, मन्नैं ए क्यूं छेड़ रहया सै, किते और बैठ कै गाडी चला ले....।''

★★★

लांडा बादंर

एक देहाती को गप्प हांकने की बड़ी बुरी आदत थी। उसे उसके साथियों ने टोका कि वह इतना गपोड़ी न बने कि उसकी बात पर कोई यकीन ही न करे। बात देहाती को जंच गई। उसने अपने साथ रहने वाले साथी से कहा कि जब वह कोई गप्प हांक रहा हो तो वह खांसकर उसे चेता दे ताकि वह भूल सुधार कर सके।

गपोड़ी किसी के साथ बैठा कोई किस्सा सुना रहा था। वह बोला, ''म्हारे घरां एक इसा बांदर रहै था जिसकी पूंझड़ (पूंछ) दस लाठी लांबी थी......।'' उसके साथी ने ''खूं-खूं'' की और गपोड़ी ने कहा, ''दस नहीं, आठ लाठी लांबी पूंझड होगी।'' फिर ''खूं-खूं'' की

आवाज़ हुई और गपोड़ी बोला, ''आठ नहीं छह-एक लाठी लांबी होगी।''

अब फिर उसके साथी ने ''खूं-खूं'' की तो गपोड़ी अड़ गया और अपने साथी को कहने लगा, ''ना भाई छह लाठी लांबी पूंझड तो थी ए, तेरी खूं-खूं मैं अपणा बांदर कोनी लांडा (पूंछ-कटा) करया जांदा।''

★★★

कुछ नहीं बिगड़ा

हरियाणा में पिता-पुत्र के मज़ाकों के किस्से आम हैं। चूंकि कम उम्र में शादियां हो जाती थीं, इसलिए पुत्र भी पिता के साथ कभी-कभी दोस्ताना व्यवहार ही करता था। ऐसा भी अक्सर होता था कि उधर सास को बच्चा होने वाला है तो उधर बहू को।

एक देहाती का लड़का शादी के लिए राज़ी नहीं हो रहा था। उसने कई रिश्तेदार इकट्ठे किए और सबने लड़के पर ज़ोर डाला कि वह शादी कर ले मगर वह नहीं माना।

देहाती चूंकि लड़की वालों से बात तय कर चुका था और इधर लड़का तैयार नहीं था, सो वह कुछ ज्यादा ही परेशान था। उसने सोचा चलो आखिरी बार

लड़के से दो टूक फैसला कर लिया जाए। मगर लड़का फिर भी बोला, "बाबू जै तू न्यूं नहीं मान्या तो मैं ब्याह आली घोड़ी पै तै कूद ज्यांगा।" जब हद ही हो गई तो बाप बोला, "रै जब तूं घोडी पै तै कूद जागा तो मैं चढ़ ज्यांगा। मेरा इबै कुछ ना बिगड़ रहया।"

★★★

जाट का छोरा

हमारे समाज में लड़की की बजाय लड़के को हमेशा ही प्राथमिकता दी जाती है। हरियाणा में हालांकि महिलाएं पुरुषों से अधिक काम करती हैं, परन्तु फिर भी पुत्र पैदा हो तो ज्यादा खुशी होती है।

लड़कियों के बारे में कहेंगे, "छोरी-छारी तो न्यूएं पल-बढ़ जाया करै सैं।" और लड़का पैदा होने पर कहेंगे, "कानी लड़की हुई है" ताकि नज़र न लगे। इसी कारण नवजात पुत्र की कमर पे तगड़ी बांधने का भी रिवाज है।

एक जाट के यहां लड़का पैदा हुआ। उस वक्त वह खेत में काम कर रहा था। जब काम खत्म करके वह सिर पर चारे का भरोटा उठाए गांव की तरफ आ रहा था तो उसे किसी ने रास्ते में ही सूचना दी, "रै राजभज तेरै घरां छोरा होया सै।"

और राजभज ने झट सिर से भरोटा (चारा) ज़मीन पर पटक दिया और बोला, "ले जब छोरा-ए हो गया तो हम तो आज़ाद होए-आपै ठा ल्यावैगा सुसरा।"

★★★

लीलू अंग्रेज़

एक गांव के स्कूल में मास्टर जी अंग्रेज़ी पढ़ा रहे थे। उनकी क्लास में एक छात्र था लीलू। लीलू के होंठ कुछ ज्यादा ही मोटे थे।

मास्टर जी ने कोई सवाल पूछा तो लीलू ने हाथ उठाया। पर मास्टर को लीलू से न जाने क्या खुन्नस थी कि वे उसे बोलने का मौका ही नहीं दे रहे थे। उधर लीलू ने भी अपना हाथ उठा ही रखा था। आखिर मास्टर जी ने उसे धमकाया, ''रै बैठ ज्या, अंग्रेज़ी बोलण खातर पतले-पतले होंठा की ज़रूरत हो सै।''

मगर लीलू न माना। मास्टर ने बोर्ड पर अंग्रेज़ी का 'एम' (M) लिखा और लीलू से पूछा, ''बता यो के सै।'' लीलू बोला, ''यू माई मोटर का एम सै।''

मास्टर जी ने फिर 'डब्ल्यू' (W) लिखा और दूसरे छात्र से पूछा। उसे 'डबल्यू' का पता नहीं था, मगर उसने देखा कि वह उलटा 'एम' होता है, तो वह बोला, ''मास्टर जी या लीलू की मोटर उथल (पलट) राखी सै।''

★★★

ये दिल्ली है

एक बस पानीपत से सोनीपत होकर दिल्ली जा रही थी। उसमें एक देहाती बैठा था। उसे दिल्ली जाना था। वह पहले कभी दिल्ली नहीं गया था। बस में रेडियो बज रहा था। बस सोनीपत पहुंची और रेडियो से आवाज़ आई, "ये दिल्ली है।" और देहाती बस से नीचे उतर गया।

उसने बस अड्डे के बाहर आकर एक रिक्शा पकड़ी और रिक्शा वाले को कहा, "चाल भाई, लालकिला ले चाल।" रिक्शा वाले ने सोचा सवारी नहीं खोनी चाहिए सो वह चौधरी को काफी देर यहां से वहां घुमाता रहा। आखिरकार चौधरी ने तंग आकर रिक्शे वाले से कहा, "रै किसे नै पूछ ले लालकिला कित सै।" रिक्शा वाले ने रिक्शा रोकी और सामने से आते हुए एक और देहाती से चौधरी से पूछा, "क्यूं भाई यू लालकिला कित सी पड़ैगा।"

इस पर सामने वाला देहाती बोला, "मन्नै तड़के-तै (सुबह) कुतुब की लाट (कुतुबमिनार) नहीं पाई, तन्नै लालकिला कित तै पावैगा?"

★★★

फायदा

एक बार चार देहाती रेल में सफर कर रहे थे। अचानक एक की निगाह रेल रोकने वाली जंज़ीर पर गई। उसने दूसरे साथियों से उसका मतलब पूछा।

उसे बताया गया कि जंज़ीर खींचने से रेल रुक जाती है। साथ ही यह भी बता दिया गया कि अकारण जंज़ीर खींचने पर ढाई-सौ रुपया जुर्माना भी हो जाता है।

उनमें से एक ने सलाह दी कि जंज़ीर खींच कर रेल रोकने का मज़ा तो लेना ही चाहिए चाहे उन्हें जुर्माना ही क्यों न देना पड़े। सबने अपनी-अपनी जेबों में पड़े पैसे का हिसाब लगाया तो कुल दो सौ सैंतीस रुपए इकट्ठे हुए। उन्होंने पास बैठे सेठ से कहा कि जंज़ीर खींचनी है और उनके पास तेरह रुपए की कमी है। सेठ ने पैसे नहीं दिए। इससे देहाती नाराज़ हो गए। उन्होंने कुछ सलाह की और जंज़ीर खींच दी।

जब चैकर आया तो उसने चारों देहातियों से पूछा। उन्होंने जंज़ीर खींचने का इलज़ाम सेठ पर लगा दिया। सेठ भी सयाना था। उसने उलटे उन सब पर इलज़ाम लगा दिया कि उन्होंने उसके दो सौ सैंतीस रुपए लूट लिए, जिससे उसे गाड़ी रुकवानी पड़ी। चैकर ने देहातियों से पैसे सेठ को दिलवा दिए और गाड़ी चल पड़ी।

गाड़ी चलने पर चारों में से एक बोला, ''रै चाहे इस सेठ नै कितने-ए पीसे मिले हों, एक तो गाडी रोकण का मज़ा आ गया, अर तेरा (तेरह) रपियां का फायदा भी हो गया।''

★★★

इब आ

हरियाणा में गांव की गांव में शादियां बिलकुल नहीं होतीं। यहां तक कि गुहांड (आसपास के कुछ गांवों का समूह) में भी शादियों पर सामाजिक प्रतिबंध रहता हैं मगर फिर भी इक्का-दुक्का उदाहरण मिल ही जाते हैं।

राज्य का एक मशहूर गांव है-कुंडल। कुंडल के पास के गांव का एक व्यक्ति कुंडल ब्याहा हुआ था। एक रोज़ उसने तड़के अपने खेत में हल जोत रखा था। पास ही पगडंडी थी। उससे बाराती पैदल कुंडल की तरफ जा रहे थे।

हल चलाते व्यक्ति की हालत तो फटेहाल होती है। उससे बाराती कुंडल का रास्ता पूछते जा रहे थे। वह भी कभी बारात लेकर कुंडल गया था। उसने इस तरह पूछने को अपनी बेइज्जती समझा। वह अपने घर जाकर बहुत बढ़िया वस्त्र पहन कर आया और हल चलाने लगा। अब कोई उससे पूछे या न पूछे, उसने उन बारातियों को बुला-बुला कर बताना शुरु किया, ''या है सै मेरी सुसरी कुंडल, इब आ कुंडल।''

★★★

समझौता

एक जगह जींमणा चल रहा था। बाहर गली में पेड़ के नीचे चार फौजी गप्पे हाँक रहे थे। बीच में कोई आया और पत्तल भर हलवा फौजियों को दे गया।

फौजियों ने हलवा बीच में रख लिया। पहला फौजी बोला, ''हमने चीन की लड़ाई में चीन की दीवार ऐसे फांद लिया था।'' और उसने हलवे के बीचों-बीच लाइन खींच कर आधा हलवा अपनी तरफ कर लिया। इतने में दूसरा बोला, ''पाकिस्तान की पहली लड़ाई में वास्तविक नियंत्रण रेखा हाड़ै (यहां) थी'' और उसने भी पत्तल पर एक लाईन मार दी। तीसरा बोला, ''पाकिस्तान की दूसरी लड़ाई मैं यह रेखा न्यूँ थी।'' उसने भी कुछ हलवा अलग कर दिया।

चौथे फौजी ने जब यह रोल-पचोल देखी तो सारा हलवा एक जगह इकट्ठा कर लिया और बोला, ''रै सारी लड़ाइयां मैं समझौता तो हमनै-ए कराया था।''

★★★

पछेती फसल

मौसम से पहले फसल बो दी जाए तो 'अगेती' और बाद में बोई जाए तो उसे 'पछेती' कहते हैं।

एक बार बहुत दिनों तक बारिश नहीं हुई और फसल बोने के लिए किसान तड़पते रहे। फसल का मौसम निकल जाने के काफी समय बाद थोड़ी सी बरसात हुई। एक किसान ने सोचा जैसी पछेती फसल होगी हो जाएगी, नहीं तो राम भरोसे और उसने खेत में हल जोत दिया।

जाहिर है कुछ तो बरसात के पानी के बिल में घुस जाने से और ऊपर से किसान के खेत जोतने से एक चूहे को बिल से बाहर निकलना पड़ा। अब परेशान हुआ भीगा-सा चूहा मेढ़ पर खड़ा अपनी गीली मूंछे साफ कर रहा था।

किसान ने सोचा चूहा उसे चिढ़ा रहा है। किसान ने उससे पूछा, ''क्यूं रै मुस्से, किसा मूछां पै हाथ फेर रहया सै ?'' परेशान चूहा बोला, ''प्यारे कुछे बीज बोले, ईब कै दाणा तो एक होंदा नीं।''

★★★

हम कहां जाएंगे ?

ग्रामीण जब शहरी पुरुषों और महिलाओं को उनके आधुनिक परिधानों में देखते हैं तो चकित रह जाते हैं। कुछ साल पहले बैल-बाटम की पोशाक खूब पहनी जाती थी और बाल बढ़ाए जाते थे।

ऐसे ही दो ग्रामीण शहर में आए तो उन्होंने देखा हाथ में गिटार लिए एक युवक बैल-बाटम पहने सड़क से गुज़र रहा था। देहातियों ने देखा कि बड़ा अजीब प्राणी है। एक बोला, ''रै यू आदमी था अक लुगाई ?'' दूसरा बोला, ''बेरा नीं, इसा ज़रूर लागै था जणू झोले (थैले) में पंप घाल राख्या हो।''

ऐसे ही बस में एक महिला की सीट पर तंबाकू-रंगी मूंछों वाला एक बूढ़ा बैठ गया। महिला आई तो बोली, ''यह सीट हम लोगों की है।'' देहाती ने पूछा, ''जै तम हे लोग हो गे तो हम जूण से पचास बरस तै यै भारी-भारी मूंछ पाल रे सै, हम कित जांगे ?''

★★★

बाराती की जिद

एक बारात का जीमण हो रहा था। दो पंगत बैठी थी। पत्तल पर साग-पूरी-लड्डू आदि परोसे जा रहे थे। हरियाणा में साग-पूरी से पहले मिठाई खिलाई जाती है। एक बाराती की पत्तल पर चार-छह लड्डू रख दिए गए। एक लड्डू एक तरफ लुढ़क गया। बाराती उसे उठाने के लिए लपका। लड्डू आगे-आगे, बाराती पीछे-पीछे। लागों ने यह नज़ारा देखा तो एक बाराती बोला, ''कोई बात नहीं, उसनै छोड़

दे, और ले ले'' साथ ही वह दूसरा लड्डू पत्तल पर रखने लगा। इस पर वह बाराती बोला, ''रै या बात कोनी, यू ताजा-ताजा टींगर (बच्चा) काल का जाम्या होया, म्हारी ओड बूढयां की अक्ल मार कै देखूं तो सही कित जागा।''

★★★

गुलगुले

एक देहाती बेचारा डंगरों का पाली (चरवाहा) रहा करता था। चटनी-रोटी, लस्सी और गाय-भैंसों की धार के अलावा उसने किसी और मज़ेदार व्यजंन का स्वाद कभी नहीं चखा था।

एक दिन जंगल में गांव की कुछ औरतें माता (देवी) ध ोकने (पूजने) आई। उन्होंने पूजा के बाद इस देहाती को पूड़े और गुलगुले का प्रसाद दिया। उसने औरतों से उस स्वादिष्ट व्यंजन का नाम पूछा तो वे हंस कर बोलीं, ''गुलगुले, ओ देवर, गुलगुले!''

अब देहाती शाम तक जंगल में 'गुलगुले-गुलगुले' की रट लगाता रहा। उसने सोचा कि घर जाकर वह अपनी पत्नी से गुलगुले बनवा कर खाएगा। और वही हुआ, जिसका डर था। बेचारा देहाती

गुलगुलों का नाम भूल गया।

घर आकर वह अपनी पत्नी से बोला, ''वाहे चीज़ बणा जो मन्नै जंगल मैं खाई थी।'' बेचारी पत्नी कैसे समझती। अब देहाती ने उसे पीटना शुरू कर दिया और कहता रहा, ''वाहे चीज बणा, वाहे चीज।'' चीख-चिल्लाहट सुन कर पड़ोसी आ गए। एक पड़ोसन बोली, ''जा ओ देवर, तन्नै पीट-पीट कै बहू का नाक गुलगुला सा.....बणा दिया.. ठहर जा....''। देहाती को फट से नाम याद हो आया और बोला, ''हां याहे तो कह रहया था, गुलगुला। जा भागवान ईब बणा ले, गुलगुले।''

★★★

बहू बना दे

हरियाणा में आर्य समाज का प्रचार-प्रसार और प्रदेशों से कहीं ज्यादा हुआ है। शादी-ब्याह पर आर्य समाजी ढंग से फेरे करवाने का मतलब है कि बैठे रहो आठ-दस घंटे।

इसी ढंग से एक शादी हो रही थी। घर वाले परेशान, क्योंकि फेरों के अनुष्ठान में पंडित जी कुछ ज्यादा ही समय लगा रहे थे। मगर श्लोक और मंत्र पढ़े जा रहे हों तो बीच में बोले कौन?

आखिर लड़की के भाई ने हिम्मत जुटाई और पंडित जी के कान में कहा, ''शास्त्रीजी तावल कर, तावल (जल्दी)।'' मगर पंडित उसी धीमी रफतार से बुलेटिन की तरह मंत्रोच्चारण में लगे रहे।

अब परेशान हुए लड़की के बाप ने पंडित से पूछा, ''और दादा, कितनी अक हाण और लावैगा।'' पंडित बोला, ''जजमान पांच-दस

मिनट के फेरे कराणें थे तो कोई और ब्राह्मण टोह ल्यो है।" झल्लाया हुआ बाप बोला, "मिन्ट अर घंटया की बात कोनी, बात तो या सै अक तू तावला सा इस छोरी नै इस छोरे की बहू बणा दे।"

★★★

मीठे का परहेज

हरियाणा में घी-दूध के शौकीन को घी-दूध का लाहड़ा कहते हैं। पुराने समय में जब किसी गृहणी को टांड पर रखे हुए बारे (मटके) से घी निकलवाना होता था तो टांड पर चढ़ने वाले को पाव या आधा सेर घी बतौर इनाम दिया जाता था।

आमतौर पर बड़े-बूढ़े आज भी दूध के लाहड़े मिलेंगे। एक बूढ़ा दूध का लाहड़ा था। उसने अपने दूध का कोटा पूरा करने के लिए एक तरकीब सोच रखी थी। वह जेब में हमेशा एक पुड़िया रखता उसमें बूरा (मीठा) होता था। जब कभी किसी रिश्तेदारी में जाता तो पहले ही घर की बहू को सुनाते हुए एलान कर देता था, "दिखै ए बेटी मन्नै थोड़ी फाकी (दवाई की फक्की) लेणी सै, माड़ा एक बखोरा ताता-ताता दूध ल्यूंगा।" चूंकि मीठा उसके पास ही होता, सो साथ में यह भी कह देता, "अर दिखै, मीठा ना मिलाइए, मीठे का परहेज बता रख्या सै मेरे तै डाक्दरां नै।"

★★★

गोदान

एक देहाती से उसके पुरोहित ने शिकायत की, ''जजमान आज तक तन्नै कोई दान-पुन नहीं करया। तू अपनी अगत तो समार (संवार) ले, नहीं तो तन्नै नरक भोगणा पड़ैगा।'' देहाती डर गया और उसने गाय दान करने की हामी भर ली।

मगर देहाती के घरवालों ने कहा कि मुश्किल से दूध बेचकर गुज़ारा चलता है, इसलिए कोई दुधारू गाय नहीं देनी। बहरहाल उन्होंने एक ऐसी गाय को दान देने पर एतराज नहीं किया जो दूध से नाट (सूख) चुकी थी।

दान में गऊ लेकर पुरोहित व उसके परिवार वालों ने उसकी खूब सेवा की और 'नाटी हुई' गऊ ने दोबारा दूध देना शुरू कर दिया। उधर देहाती के घरवालों को लोभ आ गया कि अब गाय ने पंडित के घर जाकर दूध देना शुरू कर दिया है तो उसे किसी बहाने वापस लेना चाहिए।

उन्होंने अपना एक लड़का बुलाया और कहा, ''जा उस पंडत की छात पै जोर-जोर तै कूदन लाग ज्या, बाकी हम सम्भाल ल्यांगे।'' लड़के ने वैसा ही किया। छत के नीचे से पुरोहित चिल्लाया, ''रै कौण सै-कौण सै ?'' उधर 'दानवीर' तैयार बैठे थे, बोले, ''अच्छा काल(कल) तो हमनै गां दान करी थी, आज हम कौण होगे ? ल्या म्हारी गां उलटी दे दे।''

★★★

आर्य पुत्र

हरियाणावी समाज में जब महिलाएं अपने निकट संबंधियों को संबोधित करती हैं तो वे रिश्ता देखकर कुछ शब्दों का प्रयोग करती हैं।

मसलन सास, ससुर व जेठ आदि के लिए 'जी' लगा दिया जाता है, देवर के लिए 'ओ' और भाई या बेटे के लिए 'रे' लगाया जाता है। पति महाशय से बातचीत तू-तड़ाक से ही होती है।

जिन दिनों दूरदर्शन पर धारावाहिक 'महाभारत' दिखाया जा रहा था तो एक पढ़े-लिखे देहाती बूढ़े को 'महाभारत' की महिला पात्र जब अपने अपने पतियों को 'आर्य पुत्र' कहकर संबोधित करती तो उसे बहुत अच्छा लगता।

देखा-देखी में उसे भी 'आर्यपुत्र' कहलवाने का शौक चर्राया। वह अपनी पत्नी से बोला, ''देख भागवान, आज तै पाच्छै तू मन्नै आर्यपुत्र कहया कर।'' बेचारी पत्नी मान गई और पति को खुश करने के लिए तुरन्त बोली, ''डांगर भूखे सैं उन-नैंह कुछ गेर (चारा), दे, आ-रे-पुत्र।'' बस बेचारे बुढऊ का चेहरा लटक गया।

★★★

आदत पड़ जाएगी

हरियाणा के लोग मेहनत की खाने वाले हैं और बहुत कम ही भाग्यवादी हैं। हालांकि कुछ लोग हैं जो आज भी 'बूझा' या 'पूछा' रूढ़ियों में विश्वास रखते हैं और ऐसे भी हैं जो 'पतरा' दिखा कर

भविष्य जानने के इच्छुक रहते हैं। पर कुछ हैं जो दिन फिरने की उम्मीद में होते हैं।

एक देहाती के गले तक टोटा (गरीबी) चढ़ गया। उसका बाल-बाल कर्ज़े में दब गया। उसे अपनी मौजुदा हालत के सुधरने की कोई उम्मीद नजर नहीं आ रही थी। आखिरकार बेचारा भाग्यवादी बन गया।

वह एक पतरा देखकर भविष्य बताने वाले ब्राह्मण के पास गया। उसने उससे जानना चाहा कि क्या सारी जिन्दगी उसे 'टोटे' में काटनी पड़ेगी? ब्राह्मण बोला, "इबै तो भाई तेरे तीस साल कष्ट के सैं- तीस साल तक 'टोटा' रहैगा।" देहाती ने कौतूहलवश पूछा, अर उसके पाच्छै (बाद)? ब्राह्मण बोला, "फेर तन्नै 'टोटे' में रहण की आदत पड़ जावैगी!"

★★★

हजार एकड़

हालांकि हरियाणा के देहात में बौर-बड़ाई मारने का कोई विशेष चलन नहीं होता, मगर जब बात फसल, ज़मीन, डंगर, ट्यूब-वैलों की आए तो बढ़ा-चढ़ा कर कहना एक आम बात है।

एक कहावत भी है, 'इसाए नौ मण, इसाए सौ मण' अर्थात् कम ज़मीन से भी ज्यादा पैदावार ली जा सकती है। और जहां नरदक, खादर, बांगर में लोगों के पास राजस्थान से लगते बागड़ प्रदेश से अपेक्षाकृत कम जमीनें हैं, वहां ये जमीनें उपजाऊ भी हैं।

एक बार एक राजस्थानी जाट रोहतकी जाट से भिड़ गया। दोनों में एक दूसरे की फसल-जमीन का ज़िक्र हो गया। वह उससे बढ़ा कर बोल रहा था तो वह उससे। रोहतकी जाट पूछने लगा, ''अच्छा ज्यब न्यू बता, तेरै-तेरै कितने किल्ले आवैं सैं।'' ज़ाहिर है वह राजस्थानी से उसके व्यक्तिगत हिस्से के बारे में पूछ रहा था। राजस्थानी बोला, ''झार (हज़ार) किल्ला झार।''

रोहतकी जाट को भान हुआ कि उसके पास दो-अढ़ाई एकड़ से ज्यादा ज़मीन नहीं। और इतनी देर में ज़ोर की आंधी आ गई। रोहतकी झट बोला, ''रै बागड़ी, तेरे पांच सौ किल्ले तो आंधी मैं उड़ लिए, डट ज्या बाकी भी उड़ ज्यांगे।'' ज़ाहिर है राजस्थान में बालू रेत के टीले भी होते हैं।

★★★

खोज

मास्टरों और मास्टरनियों की नकलें उतारना या नाम निकाल लेना छात्रों के लिए कोई नई बात नहीं। किसी के उच्चारण पर तो किसी की वेश-भूषा पर, किसी की आंखें मटकाने पर तो किसी की चाल पर कोई न कोई बात निकाल ली जाती है।

एक मास्टरनी अपना चश्मा माथे से ऊपर सरका कर सिर पर खिसका लेती थी। वह शौकिया चश्मा लगाती थी। मगर मास्टरनी के इस तरह चश्मा पहनने से सारा स्कूल परेशान था। परेशानी इस बात की थी कि वह चश्मा आंखों से हटा कर सिर पर क्यों कर लेती है। कोई कुछ अंदाज़ा लगाता, कोई कुछ।

आखिर छात्रों ने चश्मे की समस्या का निदान कर लिया। एक छात्र ने सोच-विचार कर कहा, "रै तमनै नहीं बेरा, जिसकी आंख कमज़ोर हो, ओ आंख्या पै ऐनक लावै अर जिसका दिमाग कमज़ोर हो, ओतै सिर पै ऐनक लावै।"

★★★

जाट-विद्या

किसी गांव में एक ब्राह्मण रहता था। दान, सीधा, पतरा से उसकी रोज़ी-रोटी चलती थी। उसने एक चेला गांठ लिया। चेले को उसने पतरा देखकर भविष्य बताने की पूर्ण विद्या सिखा दी। कुछ ही दिनों में चेला भी इस विद्या में पारंगत हो गया।

एक दिन इस चेले का पाला एक जाट से पड़ गया। जाट बोला, "आं (ह) रै छोरे न्यू कैहैं अक तू भी माणसां नै अगत भता दे है?" चेले ने हां में सिर हिलाया। जाट बोला, "अच्छा तै न्यू भता मैं तेरै कित सी लट्ठ मारूंगा?" चेले ने कुछ सोचकर कहा, "सिर पै।" और जाट ने उसकी टांगों पै लाठी दे मारी और बोला, "अच्छा इब भता मैं तेरै कित सी लठ मारूंगा?" चेला बोला, "टांगां पै।" और जाट ने उसके सिर में लठ मारा।

चेला भागा-भागा अपने गुरु के पास गया और सारा वृत्तांत सुनाया। निःसहाय सा गुरु बोला, "बच्चा या जाट विद्या सै, या मन्नै बी कदे नहीं आई।"

★★★

फेर तो दो ल्यूंगा

कुछ शहरी दुकानदार ग्रामीणों में 'अच्छा' ग्राहक ढूंढ लेते हैं। दो पैसे फालतू भी कमा लिए और माल भी अच्छा-बुरा जैसा डिगाया (बेचा) गया, डिगा दिया।

पर एक देहाती को इस बात का सहज ही अंदाज़ा हो गया। उसने एक तरकीब सोची। और तय किया कि अब जब कभी भी वह शहर जाएगा और कोई चीज खरीदनी होगी, तो बोले गए दामों से आधे दाम पर सौदा तय करेगा।

उसे एक छतरी खरीदनी थी। वह एक दुकान पर गया। उसने दुकानदार से छतरी की कीमत पूछी। बोहणी का वक्त था। दुकानदार ने साठ रुपए बताए। देहाती बोला, "तीस दयूंगा।" दुकानदार ने सोचा, इन देहातियों की आदत होती है, कुछ न कुछ ज़रूर कम करवायेंगे, सो पांच रुपए कम कर दिए। मगर अब देहाती बोला, साढ़े सताईस दयूंगा। दुकानदार ने पांच और कम करके दाम पचास रुपए बताए तो देहाती बोला, "पच्चीस तै एक पीसा ऊपर नहीं दयूं।"

दुकानदार बेचारा परेशान। सुबह का वक्त और ग्राहक बिना माल लिए निकल गया तो सारा दिन हाथ पे हाथ धरे बैठे रहो। उसने सीधे दस रुपए गिरा दिए। मगर देहाती बोला, "बीस दयूंगा।" इस पर झल्लाया हुआ दुकानदार बोला, "तू मुफत ले जा"। देहाती फटाक से बोला, "दो छतरी ल्यूंगा।"

★★★

जनाब

एक जाट की तारीख-पेशी थी। अदालतों, तहसीलों व पुलिस थानों में आज भी 'जनाब' कहने का चलन है। अनजाने में किसी ने एक जाट को जनाब कहकर संबोधित कर दिया। जाट को कुछ समझ में नहीं आया। मगर वह बोला, "दिखै रै जै जनाब कुछ आच्छी बात सै तो मैं जनाब, मेरा बाप जनाब अर मेरा दादा जनाब। अर जै या कुछ माड़ी चीज सै तै तू जनाब, तेरा बाप जनाब अर तेरा दादा जनाब।"

इसी तरह एक जाट के छोरे ने एक नवाबजादे को पीट दिया। नवाब ने जाट को बुलाकर कहा, "देखो चौधरी, आपके लखते-जिगर ने हमारे नूरे-चश्म को बड़ी बेदर्दी से पीटा है, आइंदा ऐसा न हो।" जाट के पल्ले इतनी नफीस उर्दू नहीं पड़ी। हुआ यूं कि एक दिन नवाब के लड़के ने जाट के लड़के को पीट दिया। अब पहुंचा जाट नवाब की हवेली और गली में ही खड़े होकर बोला, रै ओ नवाब की औलाद अपणें उस खागड़ (सांड) नै समझा लिए नहीं तो मै उसनै लट्ठां-लट्ठां देदड दयूंगा। बात केवल वही मगर कहां उर्दू की नज़ाकत और नफासत और कहां हरियाणवी की हिमाकत!

★★★

आधा दिये

शादी-ब्याह के मौके देहाती समाज को आपसी हंसी-ठट्ठा व मखौल के बड़े अवसर प्रदान करते हैं। बारातियों को भोजन परोसा जा

रहा था तो एक अन्धे बाराती के आगे मज़ाक में एक पत्थर रख दिया गया। खाने की जल्दी में बाराती ने उसे लड्डू समझ कर खाना चाहा, मगर लड्डू फूटा नहीं। झल्लाहट में उसने उसे फेंक मारा। वह किसी के सिर में लगा। ज़ोर के चीख निकली, "रै फूट गया।" अन्धा समझा लड्डू फूट गया सो बोला, "फूट गया हो तो फेर आधा मन्नै भी दिये।"

और एक बाराती खंबे की आड़ में बैठा था। उस पर किसी लड्डू-जलेबी परोसने वाले का ध्यान नहीं गया। हार कर उसने तरकीब सोची और चिल्लाया, 'सांप-सांप'। बाराती आए और पूछने लगे, "कित सै ?" बाराती बोला, "पत्तल के नीच्चै"। घरवालों ने पत्तल उठाई और बोले, "इस कै नीच्चै तो कुछ बी कोनी"। बाराती ने व्यंग्य से पूछा, "अर इसके ऊपर के सै ?"

★★★

म्हारै कोनी रहवै

अमूमन जब बहू अपनी सुसराल जाती है तो उस अजनबी माहौल में वह अपनी क्षमता और कार्यकुशलता प्रदर्शित कर अपना सिक्का जमाने की कोशिश करती है। यह बात सर्वथा अलग है कि आने वाले दिन उसके लिए अच्छे निकलें या बुरे।

खैर, किसी के घर में एक सुघड़ बहू आ गई। बहू को सारी बातों का शऊर था अन्यथा किसी फूहड़ बहू को 'बेसू (ह) री' (बे-शउरी) भी कह देते हैं। यह बहू अपने सास-ससुर की सेवा करती, जेठ-जेठानी, देवर-देवरानी, यहां तक कि ननदों को भी खुश रखती।

समय से पहले उठ कर सारा काम खत्म कर लेती और सयानी बातें करती।

वैसे इतने भरे-पूरे परिवार में हरियाणवी समाज में बहुओं को बोलने का अधिकार नहीं दिया जाता, मगर यह बहू थी कि उसने सबका दिल जीत रखा था।

एक रोज उसका पति किसी गंभीर चिंता में पड़ा हुआ था और अपनी हिणी के डर से अपनी हेकड़ी कायम रखते हुए अपनी घरवाली से कुछ सलाह-मशवरा भी नहीं ले रहा था। उसकी पत्नी ने उसकी चिंता का कारण पूछा और समाधान भी बतला दिया। इस पर वह मर्द अपने डर को ज़ाहिर करते हुए अपनी पत्नी से कहने लगा, ''इतने स्याणे माणस का म्हारै के काम? मन्नै इसा लागै सै अक तूं म्हारे घरां तो कोनी रहवै।''

★★★

बोल-बाला

हरियाणा में कई शब्द ऐसे हैं जिनका वैसे तो कोई अर्थ नहीं निकलता, पर वे एक नक्शा खींचने में सक्षम हैं। मसलन-घूंसे मार-मार कै देदड़ दिया। न्यूं आंसू बहवैं थे *परल-परल*। इसी आग लाग री थी भकड़-भकड़। मास्टर ने इसे डंडे मारे मट्टाए-मट। बादल के गरजैं थे अरड़ा रे थे।

किसी देहाती ने सुन लिया कि चंडीगढ़ की झील में लोग श्रमदान करते हैं तो वह बोला, ''जब सरम-ए (शर्म) दान कर दी तै उस्सै मैं डूब क्यूं ना मरे।''

एक मास्टरजी ने क्लास में विद्यार्थियों को कुछ शब्द वाक्यों में प्रयुक्त करने हेतु दिए। एक शब्द था, ''बोलबाला।'' जहां हिंदी में बोलबाला का अर्थ दबदबा होता है, वहां हरियाणवी में इसका मतलब होता है, 'चुपचाप'। सो एक देहाती लड़के ने वाक्य बनाया, ''राम ने श्याम को बोलबाला चला जाने को कहा।''

★★★

ठीक करया

हरियाणवी समाज में हुक्के का अपना ही विशिष्ट स्थान है। हुक्का केवल तंबाकू के धुएं तक ही सीमित नहीं बल्कि रोज़मर्रा की ज़िंदगी से संबंधित फैसले 'हुक्के' पर आज भी हो जाते हैं। ज़ाहिर है हरियाणवी समाज हुक्के की 'ललक' को मान्यता भी देता है।

कुछ हुक्केबाज़ स्वर्ग में घुस कर निकलने का नाम ही नहीं ले रहे थे। मगर स्वर्ग में भी धुम्रपान विरोधी अभियान के चलते हुक्के की मनाही थी और ज़बरदस्ती करना स्वर्ग के नियमों का उल्लंघन होता। देवताओं ने स्वर्ग-द्वार के बाहर दो दूत बिठा दिए, जो हुक्का पी रहे थे। सारे हुक्केबाज स्वर्ग-द्वार से बाहर लपके, ''आं (ह) रै हौक्का ताज़ा भर रे सो के?'' और सयाने देवताओं ने उनके निकलते ही द्वार बंद करवा दिया।

बेटे ने जब चिलम पीनी शुरू कर दी तो उसके बाप ने ऐसे कहा, ''ठीक करया बेटा तन्नै जवानी में तमाखू पीणा शुरू कर दिया, बुढ़ापे मैं करै है तो खांसी उठै है।''

★★★

शेर की बे-बे

हरियाणावी देहात में जानवरों इत्यादि की बोलचाल के किस्से आम हैं। ये आमतौर पर बोध-कथाएं होती हैं। मगर शुद्ध हास्य के लिए भी कई मिसालें कही जाती हैं।

एक जंगल में एक गीदड़ रहता था। उसकी सभी जानवरों से अच्छी बनती थी और वह सबके 'सुख-दुख' की सुनता-पूछता रहता था। अचानक एक रोज़ गीदड़ ने देखा कि जंगल के सारे चूहे भागे जा रहे हैं। वो उसके पीछे, वो उसके पीछे। कोई किसी बिल में घुस रहा था, तो कोई किसी बिल में।

गीदड़ को किसी बड़ी दुर्घटना की आशंका हो चली थी। उसने चूहों को रोककर पूछना चाहा। मगर कोई नहीं रुका। गीदड़ आखिर चिल्लाया, "रै के गज़ब हो गया, क्यों भाजड़ भगदड़ पड़ रही सै?" मगर 'कोई चूहा नहीं रुका।

गीदड़ ने एक चूहे को पकड़ लिया और कारण पूछा। चूहा छटपटाने लगा, "रै छोड़ दे- रै छोड़ दे, मैं मारया जांगा।" मगर गीदड़ उसे 'भाजड़' का कारण बताए बिना कब छोड़ने वाला था। अंत में चूहा बोला, "रै खस्म तूं मन्नै छोड़ दे, असल में राजा शेर की बे-बे (बहन) किसे नै छेड़ दी अर शक मूसयां (चूहों) पै हो रहया सै- रै मन्नै जाण दे!"

★★★

मोडे का मन

एक गांव में एक मोडा (साधु) रहता था। बहुत उदार और बहुत भावुक। खासकर जब गांव की किसी लड़की की शादी के बाद डोली उठ रही होती तो कभी अपना रोना नहीं रोक पाता और खूब 'हा-हू' करके रोता।

एक घर में शादी थी। लड़की के बाप ने सोचा, यह मोडा रो-धो कर कुछ ज्यादा ही तमाशा करता है, उसे समझा दिया जाए तो अच्छा है। वह मोडे के पास गया और बोला, "देख बाबा जी, छोरी खुसी-खुसी आगले घरां जा सै, अर तू रोइए ना, ले या अठन्नी।" अठन्नी लेकर मोडे ने न रोने का वादा कर लिया।

अब लड़की विदा होने लगी। सखियां उससे लिपट-लिपट कर रोने लगीं। उधर मां-बाप आंखों में आंसू लिए उसका सिर पुचकार रहे थे। माहौल सा बंध गया और मोडे से रहा न गया।

वह बूंग (ज़ोर से) देकर रोया और लड़की के बाप की तरफ अठन्नी फेंकते हुए बोला, "ले भई इब बहोत हो ली, सम्भाल तेरी अठन्नी, अपणै तै नहीं डटया जांदा उंऽऽऽ...रैऽऽऽ।"

★★★

तू कूण सै?

एक जमाना था जब देहात में थानेदार, तहसीलदार और पटवारी की काफी इज्जत थी। इनसे बड़ा किसी को नहीं समझा जाता था। ऐसे ही एक देहाती ने देखा सामने से एक बहुत ही सज्जन किस्म का व्यक्ति साईकिल पर चला आ रहा है। रास्ते में आगे नदी पड़ती थी। देहाती ने सोचा बेचारा शहरी साईकिल से कैसे नदी पार करेगा, सो उसने उस भद्र पुरुष की साईकिल अपने सिर पर उठाई और नदी पार करवाने लगा।

खचलक-खचलक पानी में चलते-चलते देहाती ने बात शुरु की, "क्यों जी तूं तिसलदार सै?" उस व्यक्ति ने कहा, "नहीं।" देहाती बोला, "क्यूं जी तूं थाणेदार सै?" और वह व्यक्ति फिर बोला, "नहीं।" देहाती बोला, "क्यूं जी तूं पटवारी सै।" व्यक्ति हंस कर बोला, "नहीं भाई नहीं।" अब देहाती फिर बोला, "रै तो फेर तू कूण सै?" वह व्यक्ति बोला, "मैं तो मास्टर सूं मास्टर.......।" इतने में देहाती ने साइकिल गड्रूच करके पानी में फेंक दी और कहने लगा "ऊं ए, इतनी डूल (मेहनत) कराई।"

★★★

न आने का कारण

निखट्टू छात्रों को स्कूल से छुट्टी के लिए बहाने खूब गढ़ने आते हैं। एक बार एक लड़का दो दिन की छुट्टी मार गया। अगले रोज़ ऐसे विद्यार्थियों की अलग लाईन लगी जो पिछले दिन गैरहाज़िर थे।

जिस-जिस का जैसा-तैसा बहाना उसको वैसी-वैसी सज़ा मिलती गई। किसी को बैंच पर खड़ा कर दिया गया। किसी को धूप में। किसी को मुर्गा बनाया गया तो किसी के कान ऐंठे गए और अब बारी उस लड़के की आई जो दो दिन से गैरहाजिर था।

मास्टर जी डंडा लिए उसके पास पहुंचे और उससे गैरहाज़िर रहने का कारण पूछा। वह बोला, ''जी मास्टर जी, मेरे धोरे एक निक्कर सै, वा मैली होगी थी। मां नै धो दी अर सूखी नहीं। इस कर कै एक दिन मैं स्कूल नहीं आया।''

मास्टर जी को बात कुछ ठीक लगी, मगर दूसरे दिन की गैरहाज़िरी का कारण अभी उन्हें जानना था। ''दूसरे दिन के बात होगी थी?'' लड़का बोला, ''जी जब मैं अगले दिन स्कूल आऊं था तो थारा (आपका) पजामा थारी छत पै सूकण लाग रहया था, मन्नै सोची मास्टर जी पै भी एके पाजामा....होगा...और वो भी स्कूल नहीं आए होगें।''

★★★

मरण का दिन

एक बार एक ब्राह्मण नाई के पास सिर मुंडवाने गया। उसने नाई को हिदायत दी, ''दिखै चोटी छोड़ दिए।'' नाई ने बड़ी सफाई से ब्राह्मण का सिर मूंड दिया। ब्राह्मण का सिर मुंडा देख कर नाई को बड़ा अच्छा लगा। वह बोला, ''दादा सिर तै सिरे ले रहया सै।'' ऊपर से उसने गंजे सिर पर एक ठोला मार दिया।

ब्राह्मण को बुरा लगा पर उसने नाई को बतौर मेहनताना एक अठन्नी फालतू दे दी। नाई बहुत खुश हुआ। सोचने लगा कि यह तो बड़ी अच्छी बात है।

अगले रोज़ एक राजपूत सिर मुंडवाने नाई के पास आया। नाई ने बड़े करीने से बाल उतार दिए और बोला, "ठाकुर साहब बड़ा लोटे बरगा (जैसा) सिर ले रहया सै।" बाद में उसने राजपूत के सिर पर भी एक ठोला मार दिया।

फिर क्या था राजपूत तैश में आ गया। उसने तलवार निकाली और नाई का सिर कलम कर दिया। लोग इकट्ठा हो गए। किसी ने कहा, "रै नाई का आज मरण का दिन धर राख्या था भाई, सो मर गया।" ब्राह्मण भी साथ खड़ा सुन रहा था, बोला, "दिन तो मन्नै इसका काल (कल ही) धर दिया था, राजपूत का तो बस नामें लाग्या सै।" ज़ाहिर है ब्राह्मण को आदत से मजबूर नाई से कैसे बदला लिया जाए, यह मालूम था।

★★★

नुक्सान जारी है...

एक बनिए के यहां चोरी हो गई। उसने थाने में खबर दी। बनिए के घर चोरी का मुकदमा हो और पुलिस फौरी हरकत में न आए, ऐसा कम ही होता है। बहरहाल, दो सिपाही मौका-ए वारदात पर तुरन्त भेज दिए गए।

बनिए ने सिपाहियों सें चाय-पानी को पूछा। वे बोले, "ले आ सेठ तन्नै बी म्हारी सेवा करण का मौका कद-कद मिलैगा।" और

इतनी देर में हवलदार साहब आ धमके। उनकी भी सेवा हो गई। थोड़ी देर बाद छोटे थानेदार साहब आए और बनिए से चोरी हुए सामान का ब्यौरा पूछने लगे।

बनिया बोला, "जी एक तो लुटिया..... ।" बात काट कर थानेदार बोला, "और..... ।" झल्लाए हुए बनिए ने बड़ी नम्रता से पूछा, "क्यूं जी, लुटिया ढूंढ दी ?" और इस पर उसे डांट पड़ी। अब बड़े दरोगा जी भी पहुंच गए। उनकी खूब सेवा हुई। दरोगा बोले, "अच्छा सेठ अब बता तेरा के नुकसान होया सै ?" हाथ जोड़कर बनिये ने चाय-पानी का हिसाब लगाते हुए कहा, "नुकसान तो इब्बे होणें लाग रहया सै जनाब!"

★★★

फीकी मिठाई

कई ग्रामीणों को बारात में जाने का बड़ा शौक होता है और बदकिस्मती से जो पीछे रह जाएं उसके बारे में लोग कहते हैं कि अब वह सोच रहा होगा, "इब फेरे होंदे होंगे रै, इब लाडू खांदे होंगे रै।"

एक परिवार में बारात जाने के लिए केवल एक आदमी का न्यौता आया। उस परिवार में एक बूढ़ा और उसका बेटा दोनों बारात चढ़ने को उत्सुक थे। बूढ़ा सोचे मैं जाऊं। आखिरकार बूढ़े ने अपने लड़के को बुलाया। उसने उसे समझाया कि उसकी तो सारी उमर पड़ी है बारातों में जाने

की और अब की बार वह अपने बाप को जाने दे। लड़का नहीं माना।

बूढ़े ने कहा कि वह उसके लिए लाडू लेता आएगा, इमरती, जलेबी, बालूशाही लेता आएगा। मगर लड़का नहीं माना। बूढ़े ने कहा कि क्या ऐसी बात है, जिसका मज़ा वह घर रहते नहीं ले सकता और बारात चढ़ कर ही लेगा।

इस पर लड़का कहने लगा, "बाबू वा तै मिठाई फीकी होगी।" बूढ़ा बोला, "क्यूं रै!" लड़का बोला, "जो मज़ा मिठाई खा-पी कै कसोरे फोड़ण मैं आवैगा वो घरां रह कै मिठाई खाण मैं थोड़ा ए आवैगा?" ज़ाहिर है, कुछ शहरी लोग भी रेल के सफर में चाय पीकर शकोरा फोड़ने में चाय से ज्यादा आनन्द लेते हैं।

★★★

उल्टी गंगा

एक देहाती की पत्नी भी अजीब थी। वह जो कुछ भी कहता, पत्नी हमेशा उसका उलटा करती। अगर वह कोई चीज़ मंगवाता तो वह कहती, "कोनी ल्यांदी"। अगर वह कोई काम करने को कहता, तो कहती "कोनी करदी।" हां अपनी मर्ज़ी से जो मन में आया, कर देती थी।

एक रोज़ वह भैंस को पानी पिलाने नदी पर ले गई। देहाती पीछे-पीछे जाकर बोला, "दिखै घणी भीतर नां जाइए।" और उसकी पत्नी 'छे-छे' करती हुए भैंस को नदी के बीच ले गई। पानी गहरा था, बेचारी डूबने लगी, मगर भैंस की पूंछ उसके हाथ लग गई।

बाहर से उसका पति घबराहट में चिल्लाया, ''भैंस की पूंझड़ (पूंछ) नां छोडिऐ, पूंझड़ कस कै (ज़ोर से) पकड़यां राख।'' और आदत से मजबूर पत्नी ने भैंस की पूंछ छोड़ दी और वह पानी की तेज़ धार में बह गई।

शोर मचाने पर सारा गांव इकट्ठा हो गया। कुछ तैराक नदी में कूद गए। मगर वह देहाती नदी की धारा के उलट दौड़ने लगा। लागों ने कहा कि वह पानी के बहाव की तरफ क्यूं नहीं आता तो वह बोला, ''रै तमनै नहीं बेरा, मैं जाणू सूं, मेरी लुगाई की उल्टी पड़ण की आदत सै।''

★★★

धरती का बोझ

कुम्हार को 'बेचारे जानवर' यानी गधे से बड़ा प्रेम होता है। हरियाणवी में किसी काम में ज़रूरत से ज्यादा मेहनत कर डालने को गधा-लती होना भी कहते हैं।

बरसात का मौसम था। इस कारण मिट्टी खुदाई-ढुलाई का काम बंद था। कुम्हार खाली बैठे थे। मगर किसी को किसी आवश्यक काम के लिए कुछ मिट्टी मंगवानी थी। सो एक कुम्हार से उसकी मर्ज़ी के खिलाफ रेट चार आने फी बोरा तय कर दिया। खाली होने की मजबूरी के कारण कुम्हार ने हामी भर दी।

अब कुम्हार अपने गधे पर पाव भर मिट्टी लेकर ढोने लगा। मालिक आया तो उसने एतराज किया कि कुम्हार इतनी थोड़ी मिट्टी क्यों लाद रहा है। इस पर कुम्हार तुनक कर बोला, ''और के तेरी

चवन्नी खातिर पूरी धरती का बोझ अपने गधे पै धर दयूं ?''

★★★

घर की बदबू

बहू जब नई-नई घर में आती है तो बड़े नाज़-नखरे करती है। यह बात दीगर है कि कोई उसके नाज़ उठाए या नक्शा ढीला करे। मगर सास समझदार हो तो यह दोनों की काम बड़ी चतुराई से कर देती है।

एक बार एक बहू अपनी ससुराल पहली बार आई। उसने देखा कि उसका ससुराल का घर बहुत तंग था। उसी जगह पर भैंस-डंगर बंधते थे और वहीं परिवार के लोग सोते थे। चारों तरफ गोबर की बदबू और कूड़ा करकट फैला हुआ था।

बहू ने अपनी सास से झाड़ू-झोंका करते हुए नाक चढ़ा के कहा, ''री माजी, हाड़ै तो बहोत बांस (बदबू) आवै सै।'' सास सयानी थी, बोली- ''बेटी दो-चार दिन ठहर ज्या, बांस कौनी आवैगी।''

कुछ दिन बाद जब बहू झाड़ू लगा रही थी तो उसकी सास ने ठिठोली की, ''आं-ऐ बहू, इब तो बांस नहीं आती ?'' बहू बोली, ''ना री माजी, इब बांस नहीं आती।'' इस पर सास बोली, ''ऐ बहू, इस जाय रोई बास मैं न्यूं रहणा पड़ ज्या तै आपए आप बांस भाज ज्या सै। मैं भी जब तेरी ढाल नई-नई आई थी ना, तै मन्नै भी न्यूए बांस आया करै थी।''

★★★

शंका दूर हुई

एक मोडा (बाबाजी) जब भी अपनी कुटिया से तड़के-सवेरे मांगने-खाने के लिए निकलता, सामने हमेशा ही एक सांड आता दिखाई देता। मोडे का सिर ज्यादा ही बड़ा था और उस पर जटाओं का जंजाल भी कम नहीं था। उधर सांड के सिर पर भी अच्छे बड़े घुमावदार सींग थे जो आपस में कानों के पास लगभग टकरा कर शून्य की-सी गोल शक्ल बनाते थे।

मोडे के मन में सांड को देखते की एक विचार जागने लगता। क्या मेरा सिर इस सांड के घुमावदार सींगों के बीच के शून्य में फिट आ सकता है? कल्पना लाजवाब थी, आप दाद दे सकते हैं।

और एक दिन मोडे ने बगैर सोचे-समझे सांड के सींगों में अपना सिर फंसा ही डाला। सांड ने फूं-फूं करके बाबाजी को कभी इधर पटका, कभी उधर। आखिर में मोडा एक तरफ पड़ा कराह रहा था। मगर उसके चेहरे पर अजीब-सी चमक थी। पास से गुज़रते लोगों ने उससे कहा, ''क्यूं रै मोडे, खागड़ (सांड) नै खूब रगड़ा चढ़ाया?'' मोडा बोला, ''भाइयो..... रगड़ा तो ज़रूर चढया..... फर यारां का बहोत पुराणा शक जाता रहैया ! घणे दिनां तै मौशकल सी हो-री-थी?'' ज़ाहिर है कई लोग उगलियां जला बैठने पर ही जानते हैं कि आग, आग ही होती है।

★★★

जैं मींह आग्या

आजकल तो हरियाणा के हर गांव में बिजली पहुंची हुई है। पर यह किस्सा उस जमाने का है जब बिजली केवल शहरों में ही आई थी।

चार देहाती अपने हलके के विधायक के पास चंडीगढ़ पहुंचे। काम होते-होते शाम हो गई थी। गांव लौटने का समय नहीं रहा सो एम.एल.ए. साहब ने उन्हें वोटों की गरज़ में होटल में ठहरा दिया।

चारों होटल में खाने-पीने के बाद सोने की तैयारी में थे कि उनमें से एक देहाती ने जलते हुए बल्ब की तरफ इशारा करते हुए अपने एक साथी से कहा, ''रै फूले! यू लट्टू बुझा दे''। फूलां फूंक मारता रहा, पर बल्ब को कहां बुझना था।

इतनी देर में तीसरा देहाती बोला, ''रै उस बहरे (बैरे) ने इन बटणा (बटन) मैं कुछ चटक-पटक करी थी, तूं भी कर दें।'' फूले ने बटनों को छेड़ा, इससे लाइट तो बुझ गई पर पंखे चल पड़े।

ठंडा मौसम था, देहाती अंधेरे में एक दूसरे से चिपके बैठे रहे। फिर एक बोला, ''रै एक बार फेर बटण दाब दे।'' इस पर फूला बोला, ''ना भाई, जै (अगर) इब कै मींह (बारिश) आग्या तैं किते भाजण जोग्गे भी नहीं रहांगे।''

★★★

राबड़ी

रोहतक और उसके आजू-बाजू के प्रदेश में कलेवा (सुबह का नाश्ता) राबड़ी नामक एक अति स्वादिष्ट देशी व्यंजन से किया जाता है। यह बात दीगर है कि दिखने में राबड़ी लिस-लिसी, खाकी रंगी और मिट्टी के लेप-सी प्रतीत होती है।

एक भाई अपनी बहन की ससुराल गया। घर की हालत कुछ पतली थी और वहां उसे घी-बूरा की जगह राबड़ी खाने को दी गई। राबड़ी का बेला (पात्र) देखकर उसे थनथनी आ गई। राबड़ी की बेला लेकर वह पास बंधे कटड़े की तरफ गया और उसके शरीर पर राबड़ी का लेप करने लगा।

घर वाले बहू के भाई की इस अशोभनीय हरकत पर चकित रह गए। उन्होंने पूछा, "आं रै राबड़ी, न्यूं खाया करै सैं के?" बहू का भाई बोला, "मन्नै कै बेरा था या राबड़ी थी, मन्नै तै न्यूं सोच्या अक या ढेरे (जूं) मारण की दुआई सै।"

★★★

लठ गाड़ दिया

देहात में अभी भी शिक्षा का प्रचार-प्रसार इतना नहीं जिसका दम भरा जा सके। मगर साक्षरता का थोड़ा-बहुत जो भी प्रयास है वह सराहनीय है। इस समाज में ऐसे पढ़ाकू हैं जो मां-बाप को बेवकूफ बनाते रहते हैं। एक बार एक लड़का इम्तहान देकर आया। उसके बाप

ने उससे पूछा, ''बेटा, किसे पर्चे कर आया?'' लड़का बोला, ''बाबू पर्चया का तो लट्ठ गाड़ आया।'' बाप खुश हो गया। हरियाणवी में कोई अच्छा काम कर दे तो उसे लट्ठ गाड़ देना कहते हैं।

हुआ यूं कि लड़का फेल हो गया। उसका बाप बहुत मायूस हुआ। मगर उसने लड़के की पढ़ाई जारी रखी। अगले बरस लड़का फिर इम्तहान में बैठा। जब परीक्षा खत्म हुई तो वह गांव लौटा। बाप ने उससे फिर पूछा, ''बेटा इब कै पर्चे किसे कर आया?'' लड़के ने फिर वही जवाब दिया, ''बाबू इब कै फैर लट्ठ गाड़ आया।'' ज़ाहिर है लड़के के पर्चे अच्छे हुए थे, मगर बाप ने कहा, ''रै ओ पाछला लट्ठ तो इब तक पाटया कोनी था, अर तूं इब कै फेर नया लट्ठ गाड़ आया। राम भली करेगा भाई।''

★★★

रेडियो सिलोन

एक बार एक फौजी छुट्टी पर गांव आया। वह अपने साथ एक ट्रांजिस्टर भी लाया। घरवालों ने तब तक ट्रांजिस्टर-रेडियो कुछ नहीं देखा था। फौजी के पिता ने पूछा, ''बेटा, इसका के फायदा सै?'' फौजी ने बताया कि बापू रेडियो से वह रागनी सुन सकता है, खबरें व मौसम के बारे में जानकारी सुन सकता है। फौजी बापू को रेडियो चलाना सिखाने लगा।

अचानक बापू से दूसरा बटन दब गया और रेडियो से ज़ोर-ज़ोर से आवाज़ें आने लगीं, चीं-चीं, शूं-शूं, घरड़-घरड़। फौजी ने बापू को समझाया, ''ईब यू रेडियो सिलोन लाग गया।''

इतने में एक कुत्ता भी वहां आ गया। फौजी ने उसके ज़ोर से लाठी दे मारी। कुत्ता ज़ोर से चिल्लाने लगा। बूढ़ा बोला, "क्यूं भाई यू कुत्ता भी सिलोन ला दिया के।"

एक कुम्हार पास खड़ा सब सुन रहा था, वह झट से अपने घर चल दिया। उसने अपनी घरवाली को कहा, "भागवान, इब तूं इन गदहयां कै ना मारया कर, ये बिचारे तो सिलोन बोल्लैं सैं, किसे दिन रागणी भी सुणावैंगे।"

★★★

गोली लगी ?

एक बार एक राजपूत, एक जाट और एक बनिया ऊंट पर सवार होकर कहीं जा रहे थे। तीनों एक दूसरे से हंसी-ठट्‌ठा भी कर रहे थे।

जाट बोला, "रै ठाकर तूं बड़ा अड़ियल सै।" राजपूत ने जवाब दिया, "ओ आड्डू तू भी पूरा सोला-दूणी-आठ सै।" इतने में बनिए को मौका मिल गया, बोला, "ऐड़ थम दोनू-एं एक से सो।" दोनों ने विरोध किया, "जा नै किराड़ तूं भी के बौले।" मगर बनिए ने कहा कि उसकी ऐसे चुप नहीं कराया जा सकता।

तभी एक ज़ोर का धमाका हुआ। ऐसा लगा जैसे गोली चली हो। बनिए ने राजपूत से कहा, "क्यूं ठाकर तैरे गोली लगी के?" उसने मना किया। इधर जाट ने भी कहा, "नहीं"। इतना सुनते ही बनिया ऊंट से गिर गया और गिरते-गिरते कहने लगा, "जिब जाट

के नहीं लागी, ठाकर के नहीं लागी, तो फेर गोली मेरै-ऐ जरूर-ज़रूर लागी होगी।''

★★★

जीजा-फूफा

दामाद की वैसे तो पूरे भारतीय समाज में ही ठुक होती है, पर हरियाणे का बटेऊ अपने आप में एक अति-विशिष्ट व्यक्ति होता है।

वैसे बटेऊ का मतलब दामाद यानी जीजा या फूफा के अलावा किसी और अतिथि से भी हो सकता है। यदि किसी के यहां चार मेहमान भी आ जाएं तो कहते हैं कि फलां के घर चार बटेऊ आए हुए हैं।

ज़ाहिर है कि जीजा नया-नया दामाद होता है और फूफा ज़रा पुराना पड़ गया बटेऊ होता है। एक बार एक बटेऊ अपनी ससुराल गया। उसकी पिंडलियां कुछ ज़रूरत से ज्यादा ही मोटी थी। बटेऊ के ससुर ने अपने लड़के को बुला कर कहा, ''जा रै बेटा, धलीज (दहलीज) मैं तेरा जीजा आ रहया सै, हौका-हाका (हुक्का) ताज़ा कर दे।''

बेचारे साले ने जीजा को पहली बार देखा था और उसकी पिंडलियां देख कर अचम्भे में पड़ गया। वापिस आकर अपने बाप को कहने लगा, ''ओ बाबू, ओ जिसनैं तू जीजा कह रहया सै, ओ तै फूफा बरगे (जैसा) पिंड ले रहया सै।''

★★★

पाड़ ल्यूंगा

कहते हैं कि चोर के पांव नहीं होते और फिर हरियाणा में तो कहावत है, 'चांदड़े चोर नै बिलाई भौन्सै' अर्थात् चांदनी रात में अनाड़ी चोर को कुत्ते ही नहीं, बिल्ली भी भौंकती है।

एक गांव में चोरों का एक गिरोह था। एक गरीब देहाती ने देखा कि सारे चोर काम-धाम तो कुछ करते नहीं और ठाठ की ज़िन्दगी जीते हैं। वह देहाती चोरों के पास गया और उनसे उनका 'व्यवसाय' पूछा। वे बोले, 'हम तो चोरी-चकारी कर कै गुज़ारा चलावैं सैं भाई।'' बात देहाती को कुछ जंची और उसने पकड़े जाने की हालत में, बचाव के उपाय जानने चाहे, ताकि वह भी यह 'व्यवसाय' अपना ले।

चोरों ने उसे समझाया कि अगर चोरी करते वक्त घरवाले जाग जाएं तो सांस खींच कर वहीं पत्थर हो जाना चाहिए। और उन्होंने बताया कि कुत्ते की तरह घुर्र-घुर्र करना चाहिए ताकि घरवाले सोचें कि कोई जानवर है।

बेचारा देहाती एक घर में घुस गया और घरवालों की आंख खुल गई। घरवाले लाठी उठा कर उसकी तरफ लपके तो चांदड़ा चोर यह तो भूल गया कि घुर्र-घुर्र कैसे करनी है, मगर ज़ोर से बोला, ''मैं पाड़ (काट) ल्यूंगा।''

★★★

जाट की छोड़

हरियाणा में लेन-देन में रियायत को 'छोड़' कहते हैं। एक बार एक जाट को अपनी भैंस बेचनी थी मगर वह ज़रूरत से ज्यादा दाम मांग रहा था। कई ग्राहक आए और निराश होकर चले गए। उधर जाट भी निराश हो चुका था।

फिर कोई ग्राहक आया। जाट ने दाम तीन हज़ार रुपए बताए, मगर उस ग्राहक को भी सौदा नहीं जंचा सो वह भी चल पड़ा। जाट ने उसे आवाज़ दी और कहा, "रै तन्नै इब्बै पीशे तो पूछे सैं, छोड़ तो नहीं पूछी।" और इस पर ग्राहक ने 'छोड़' पूछी तो जाट बोला, "दो हज़ार नौ सौ।"

इसी तरह एक देहाती अपने कटड़े को घास चरा रहा था। देहाती कुछ परेशान सा था। उसकी इसी परेशानी में एक राहगीर ने आदतवश कटड़े की कीमत यह कह कर पूछी, "काटड़े का क्या लेगा?" दुखी देहाती बोला, "सगाई ल्यूंगा, करैगा?"

★★★

डाढ़ी आले

इस प्रदेश के कई गांवों के नाम अजीबो-गरीब हैं।

ऐसे कई उदाहरण हैं, जब गांव की पंचायत ने सर्वसम्मति से प्रस्ताव पास करके गांव का नाम बदल दिया।

ऐसी ही एक गांव सफीदों के पास है। इसका पुराना नाम 'गधड़ी' था। अब 'गधड़ी' जहां बोलने-सुनने में अटपटा से लगता है, वहीं कुछ लोग इसका दूसरा अर्थ भी निकालते थे। बहरहाल 'गधड़ी' की पंचायत हुई और गांव का नाम 'जयपुर' रख लिया। तमाम गांव वालों को हिदायत हो गई कि जो भी गांव को पुराने नाम से पुकारेगा, उसे जुर्माना होगा। पर एक रोज़ एक 'जयपुर' निवासी ने जब कंडक्टर से अपने गांव का टिकट मांगा तो वह बोला, "कौण सा जयपुर।" पास बैठा एक जानकार बोला, "रै गधड़ी आला जयपुर।"

इसी तरह हांसी के पास एक गांव है 'डाढ़ी'। अब फिर बस कंडक्टर ने आवाज़ लगाई, "रै डाढ़ी आले उतर ल्यो-डाढ़ी आले..........।" और जितने लोगों के दाढ़ी थी, सब बस से उतर गए।

★★★

बाऊ नाई

बहादुरगढ़ के पास का बाऊ नाई आज भी उन हस्तियों में गिना जाता है, जो अपनी ज़िंदादिली और हाज़िर-जवाबी के लिए प्रसिद्ध रहे हैं।

गांव में जब कोई छान (छप्पर) डाला जाता है तो हर कोई मूसल या लट्ठ लेकर छान उठवाने में मदद करता है। ऐसे ही एक छान उठाई जा रही थी और पास से बाऊ नाई गुज़र रहा था। वहां जमा लोगों ने सोचा कि आज मौका है बाऊ नाई की खिंचाई की जाए। एक बोला, "रै यो बाऊ नाई किसै नै कुछ नहीं समझता, आज इसनै छान के बीच में सतीर (शहतीर) की जगह टांग दयो।"

कुछ सोच कर बाऊ नाई राज़ी हो गया। मगर उसने एक शर्त रखी और बोला, ''भाइयो जब तमनै फैसला कर लिया तो मेरी बस इतनी सी मान लियो अक मेरा मुँह धरती काहनी (तरफ) रखियो, थारी छोरियां नै तोता बांधण मैं मुश्किल नहीं होगी।'' रिवाज के मुताबिक नए बने मकान पर घर की लड़कियां तोता बांधा करती हैं। मगर हां, इस बात को समझने के लिए थोड़ा गहरा जाना पड़ेगा।

★★★

यू धोला कोनी

माहौल के अनुसार कटाक्ष करना या कोई चुटकी लेना हरियाणवियों की खूबी है। मिसाल के तौर पर खिचड़ी दाढ़ी को कहेंगे, ''इसी डाढ़ी हो रही सै जणू कुत्ते नै चाक्की चाट रखी हो।'' या फिर 'बटुआ सा मुंह' और 'कटौरी सी आंख'।

एक दुकानदार कपड़ा बेच रहा था। सामने देहाती खरीददार बैठा था। कपड़े वाला थान पर थान खोल-खोल कर दिखा रहा था। मगर देहाती को कोई कपड़ा नहीं जंच रहा था।

आखिर में दुकानदार ने थक कर पूछा, ''चौधरी और किसा कपड़ा लेवैगा?'' देहाती बोला, ''रै ओ खद्दर।'' खद्दर दिखाया तो देहाती बोला, ''ना रै, ओ पापलीन''। पापलीन दिखाया तो देहाती बोला, ''ना भाई ओ लट्ठा दिखा।'' झल्लाया हुआ दुकानदार बोला, ''क्यूं इनमैं के कमी सै?'' देहाती बोला, ''ये धोले (सफेद) कोनी।''

फिर दुकानदार ने सफेद मलमल दिखाई, मगर देहाती फिर

बोला, ''ना भाई सेठ, यू भी धोला कोनी।'' इस पर दुकानदार ने सलाह दी, ''भाई चौधरी फेर तो तूं अपणे गात (शरीर) कै सफैदी करा ले।''

★★★

रे मेरा पटवारी

देहाती समाज में पटवारी अपना अहम स्थान रखता है। इस पर रागनी भी है, ''बड़ा नमकीन छोरा पटवारी का।'' एक बार एक कलक्टर (डी.सी.) साहब गांव के दौरे पर गए। एक बुढ़िया ने उन्हें यूं आशीर्वाद दिया, ''जींदा रहओ रे मेरा बेटा, राम तनै पटवारी बणावै।''

इसी तरह एक बुढ़िया अपने लड़के को यही आशीर्वाद देती रहती थी, ''रे बेटा, बस तूं तो पटवारी बण जा''। छोरा पटवारी बन गया। मगर वह गांव वालों को एक नज़र नहीं भाता था। क्योंकि वह ज़रूरत से ज्यादा कढ़ी-बिगाड़ था।

वह पटवारी कभी किसी को तंग करता तो कभी किसी को। सारा गांव पटवारी को कोसता रहता। उनमें एक देहाती था जो पटवारी की बुढ़िया मां को कोसा करता था, ''रै जब तै यू कोढ़ी जाम्या था, जबै-ए तै इसकी मां असीस मांगया करै थी- रे मेरा पटवारी, रे मेरा पटवारी।'' सुकर करो वा पटवारी-पटवारी करया करै थी, देस का नाश तै जब होवै है जै वा रे मेरा डीसी, रे मेरा डीसी कर दी। अर इसा-इसा जै डीसी बण जांदा तो?''

★★★

रे भाई, जुलाणा आग्या ?

एक बस रोहतक से जींद के लिए चली। करीब एक घंटे के सफर के बाद कस्बा जुलाना आ जाता है। बस में एक बुढ़िया कंडक्टर को बार-बार पूछ रही थी, "रै बेटा कलैंडर, जुलाणा आग्या?" कंडक्टर ने कहा, "बैठी रहो ताई, इबै कोनी आया जुलाणा।" मगर बुढ़िया की बेचैनी थोड़ी देर बाद फिर जाग जाती और वह फिर पूछती, "रै बेटा कलैंडर, जुलाणा आग्या?" आखिरकार कंडक्टर ने कह दिया कि ताई आराम से बैठ जा, जब जुलाणा आएगा तो बता दूंगा।

हुआ यूं कि कंडक्टर को ख्याल नहीं रहा और जुलाना निकल गया।

कोई एक-दो किलोमीटर बस आगे निकल गई। अचानक जब उसे ध्यान आया तो उसने ड्राईवर से कहा, "रै एक बर गाडी मोड़ ले, नहीं तो या कलेसण बुढ़िया जीण नहीं देगी।" बस वापस जुलाना आ गई और कंडक्टर ने बुढ़िया से कहा, "ले ताई, आग्या जुलाणा, इब उतर ले।"

बुढ़िया बोली, "रै बेटा मनै उतरणा कोनी, तेरा ताऊ जब मन्नै बस मैं बिठाण आया था, तो कह गया था अक जुलाणा आवै तो लारी थम्बवा कै बट्टी (दवाई) ले लिए। जा एक बखोरा (गिलास) पानी का ल्यादे। जींदा रहो मेरे लाल।"

★★★

भाइयां की किरपा

कहावत है कि अपनी गली में कुत्ता भी शेर होता है और दूसरे गांव में उस गांव का कुत्ता शेर होता है। और जब कोई अजनबी कुत्ता दिखाई पड़ जाए तो बाकी कुत्ते अपने 'भाई' के पीछे बिना हाथ धोए कैसे पड़ जाते हैं। सुनिए....

एक बूढ़े कुत्ते ने अपने कुटुंब वालों को इकट्ठा किया। वह बोला, ''रै इब मैं बूढ़ा हो गया छोरयो, हमनैं ब्होत माणस पाड़े सैं, खूब मांस खाया है, राह चाल्दयां की पिण्डी पाड़ी सै, बहतेरा पाप कर लिया, मैं हरदुआर जा कै आऊं सूं, थोड़े पाप कट ज्यांगे।''

एक पिल्ला बोला, ''दादा कितने दिनां मैं उलटा बाहवड़ैगा (लौटेगा) ?''

दादा कुत्ता बोला, ''कोई म्हीना-बीस दिन तो लागे ज्यांगे।'' और कुत्ते ने टांगों से धरती कुरेदी, थोड़ी मिट्टी उछाली, और छूट लिया।

अभी गली से निकला ही था कि दूसरी गली के कुत्ते पीछे पड़ गए। गांव से निकलते ही दूसरे गांव के कुत्ते पीछे पड़ गए। इस तरह गांव दर गांव कुत्ता सीधा एक दिन में हरिद्वार पहुंच गया और तीसरे रोज़ उसी रेलम-पेल में अपने गांव आ गया।

पोते पिल्ले ने पूछा, ''दादा इसा तावला (जल्दी) क्यूंकर उल्टा

बाहवड़या।'' दादा कुत्ता बोला, ''रै छोरे, अपणे भाइयां की इसी किरपा होई, अक महीने का सफर तीन दिन मैं ऐ कट गया।''

★★★

उजड़ ली होगी

अभी कुछ बरस पहले तक देहातियों के लिए दिल्ली घूम कर आना 'विलायत' घूम आने के बराबर समझा जाता था।

एक देहाती को भी दिल्ली घूमने का शौक चर्राया। वह बेचारा खेतों में पाली (ग्वाला) रहा करता था। पेड़, जोहड़, कुंआ, खेत, जंगल और भैंस डंगरों के बीच रहने वाले इस देहाती ने कभी किसी शहर का भ्रमण नहीं किया था। अलबत्ता शाम को जब वह लंघार लेकर वापस गांव पहुंचता तो दूसरे गांव वालों से शहरों के किस्से-कहानियां सुनता।

''ओड़ै तो मोटर सैं, बजार सैं, दुकान सैं, सनीमें सैं, अर बेरा नहीं के-के सैं। अरै सहर देखण मैं मज़ा तो ऐन आवै सै भाई। अर कद जाणा हो सै सहर का, कदे तारीख-पेसी पै जाणा हो तो जाणा हो।'' और न जाने क्या-क्या।

खैर यह पाली दिल्ली चला गया। वहां देखा भीड़-भांड़, चीं-चीं, पौं-पौं, छुर्र-छुर्र। कोई इधर जा रहा है तो कोई उधर। हर कोई जल्दी में। किसी को खड़े होने की भी फुर्सत नहीं। बेचारा पाली घबरा गया और गिरता-पड़ता अपने गांव वापस पहुंचा। लोगों ने उससे पूछा, ''रै

कित गया था?'' वह बोला, ''भाई गया तो दिल्ली देखण था, फेर औड़े तो इसी भाजड़ (भागदौड़) पड़ रही थी जणूं हालण (भूकम्प) आ रहया हो। अर मैं तो बच कै आ गया फेर इब तक तो दिल्ली उजड़ ली होगी।''

★★★

पूरा देहाती

देहाती समाज भी रोजी-रोटी के कारण अब शहरों की ओर आकर्षित हो चला है। शहर में आकर जहां वयस्क अपने गांव की गोधूलि व भोर को भूल बैठे हैं, वहीं उनके बच्चे देहाती समाज से बिल्कुल अलग-थलग पड़ गए हैं।

किसी ने अपने बेटे-बेटी को छुट्टियां बिताने अपने गांव भेजा। मकसद था कि कहीं बच्चे भी गांव को न भुला बैठें। बच्चे सारा दिन कभी खेतों-बागों में तो कभी पनघट-चौपाल में घूमते रहते। कुएँ से पानी लेने के लिए एक महिला ने जब बाल्टी अंदर लटकाई तो 'शहरी लड़की' बोली, ''देखो पापा इस औरत ने बाल्टी पानी में फैंक दी।''

इतनी देर में 'शहरी साहबजादे' आ गए। पिता ने पूछा कि बेटा तुम ईटों के भट्ठे के पास क्या कर रहे थे। लड़का बोला, ''पापा आप भी पूरे देहाती हो, ईटों की दुकान को भी आप भट्ठा कह रहे हैं।''

दो 'शहरी बच्चे' आपस में बात कर रहे थे। ''गांव से जो भी

आता है, हमारे पापा उससे जीरी का हालचाल पूछते हैं। यह जीरी कौन है ?'' दूसरे ने जवाब दिया, ''तुझे नहीं पता, जीरी गांव में हमारा नौकर जो है।'' ज़ाहिर है कि बच्चों को यह नहीं मालूम था कि धान को हरियाणा में जीरी, पंजाब में मूंजी और यू.पी. में चोहड़ा कहते हैं।

★★★

पौं-पौं-पौं !

गांव की ज़िंदगी में शहर-सी भागमभाग तो होती नहीं। शायद इसलिए हरियाणा का आम देहाती शहर की व्यस्तताओं का ठीक से अंदाज़ा नहीं लगा पाता।

एक खेत में एक दादा-पोता रखवाली कर रहे थे। पोता कम उम्र का था और अपने दादा के कंधे पर चढ़ कर बैठा हुआ खुद को सारे जहां से ऊपर समझ रहा था।

खेत सड़क के किनारे ही था। दादा-पोता टहल रहे थे कि एक बस दूर से आती दिखाई दी। दादा ने इशारे से बस को रुकवा लिया। वह सड़क के दूसरी तरफ खड़ा था, यानी बस में चढ़ने वाली खिड़कियां दूसरी तरफ थीं। चालक ने बस रोक ली और गुस्से में भरा हुआ बूढ़े पर बरसने लगा, ''न्यूंघै को गड ले (दूसरी तरफ से चढ़ जा)'' मगर बूढ़े ने उससे जो गुज़ारिश की, वह यह थी, ''रै ड्रैवर हमनै

तो कितै-ए-कोनी जाणा, यो छोरा माड़ी-सी जिद कर रहया सै, एक बार यो पौं-पौं बजा कै दिखा दे।''

★★★

माणस बण जा

हरियाणवी में 'माणस' के बहुत अर्थ हैं। किसी खूबसूरत महिला को भी शरारती लोग माणस कह देते हैं। 'माणस बणा दयूंगा' का मतलब 'ठीक कर दूंगा' होता है। इसके अलावा माणस का मतलब आदमी तो होता है और माणस बण जाणा का अर्थ इंसान की तरह का व्यवहार करना भी होता है।

एक गांव में एक बनिया रहता था। वह बहुत कंजूस था। सारा का सारा गांव उससे बहुत तंग था। उस बनिए को लोगों ने बहुत समझाया कि साथ क्या जाएगा, थोड़ा दान-पुन करके अपनी अगत तो सुधार ले। इस पर बनिया कहता, ''जै इस जूणी (जन्म) मैं न्यूं लुटाऊंगा तो अगत आन्दे-आन्दे मरे नहीं ज्यूंगा।''

और तो गांव में किसी का बस बनिए पर चला नहीं, एक रोज़ एक भिखारी ने भिक्षा मांगी तो बनिया उसे टालने के लिए बोला, ''ऐड़ घर मैं माणस कोनी, मैं तो बाहर का सूं।'' भिखारी ने फिर भीख मांगी तो उसने फिर वही जवाब दिया। इस पर भिखारी बोला, ''रै किराड़ दो मिनट खातर तूं- ए माणस बन ज्या- कुछ दे दे।''

★★★

चादरे का जिकरा

एक बार एक भोले-भाले जाट ने अपने नाई से दरख्वास्त की कि वह उसकी साथ उसके ससुराल चले। नाई ने हामी भर दी। मगर जाट ने नाई के साथ में एक चादरा भी उध ार मांग लिया। नाई ने नाक-भौं तो सिकोड़ी, मगर चादरा दे दिया और दोनों जाट की ससुराल चल दिए।

जाट का नाम शेरसिंह था। सब लोग उसे 'सेरा' कहते थे। अगले गांव पहुंचने पर नाई ने शर्मीले जाट की ससुराल वालों को उसका परिचय दिया, "यो सै थारा बटेऊ, सेरा, अर चादरा ले रहया मेरा।" अकेले में जाट ने आपत्ति की कि वह अब किसी के आगे ये न कहे कि चादरा नाई का है।

बहरहाल, उन्हें कोई और मिला और नाई ने फिर परिचय दिया, "यो सै थारा बटेऊ, सेरा, अर यो चादरा कोनी मेरा"। जाट ने फिर आपत्ति की, "ओ नौटे, तूं चादरे का जिकरा ना करया कर।" और अबकी बार किसी और से परिचय कराते हुए नाई बोला, "यो सै थारा बटेऊ सेरा, अर चादरे का जिकर होग्या भतेरा।"

★★★

न्यूयार्क और क्योड़क

कालेज के दिनों में हमारा एक साथी था भीमसिंह। वह कयोड़क गांव का था। हरियाणवी अंदाज़ में हम उसे प्यार से भीमा कहा करते थे।

एक रोज़ अंग्रेज़ी की क्लास में भीमा कुछ शरारत करता पकड़ा गया। प्रोफेसर साहब कुछ तेज़-तेज़ कदमों से क्लास-रूम के अंदर भीमा की तरफ बढ़े। ऐन देहाती अंदाज़ में भीमा ने अपने आपको अपनी तरफ लपक रहे प्रोफेसर साहब से बचाने के लिए गर्दन को ऐसा झटका दिया कि सबको और यहां तक कि प्रोफेसर साहब को भी हंसी आ गई। हंसी दबाने के प्रयास में थोड़ा गुस्से में उन्होंने भीमा से पूछा, ''कौन-सा गांव है तुम्हारा?'' भीमा ने अपनी मेंढक जैसी भर्राई हुई आवाज़ में कहा, ''क्योड़क ऽऽऽ।'' इस पर प्रोफेसर साहब बोले, ''अरे मूर्ख, अगर तू इस तरह अपने गांव का नाम लेकर कहता कि 'ख्योरैक' तो ऐसा लगता कि न्यूयार्क कह रहा है।'' इस पर भीमा हिम्मत जुटा कर बोला, ''प्रोफेसर साहब जै तन्नै क्योड़क मैं रैहणा पड़ जैंदा नीं तो तूं भी न्यूयार्क नै हड़ै (यहां) की ढैल (तरह) न्योड़क बोलै है।''

★★★

मरा बटा ब्लैडी

हरियाणवी समाज में फौजियों का अपना की विशिष्ट स्थान है। उनके रहन-सहन, कर्मठता और बहादुरी के किस्से आम हैं। और क्योंकि फौजी एक लंबे अरसे तक एक अनुशासित जीवन बिताते हैं तो जब उनकी इस समाज में वापसी होती है, चाहे छुट्टी पर या सेवानिवृत्त हो जाने पर, तो उनकी अलग पहचान साफ दिखाई देती है।

अंग्रेज़ों के बतर्ज़ फौजी अपने आपको 'हम लोग' कहते हैं। 'फरंट' के किस्से सुनाते हैं और 'डिसिप्लीन' की बात करते हैं। 'सीओ साहब' की बातें करते हैं और यूनिट की कहानियां कहते हैं। पत्नी को 'डार्लिंग' कहते हैं और हर 'सिविलियन' को 'ब्लैडी' कह देते हैं।

इसी तरह एक फौजी अपने गांव में गया। वह बात-बात में सबको 'ब्लैडी-ब्लैडी' कह रहा था। और अपने चारों तरफ अच्छी-खासी भीड़ जमा कर रखी थी। मगर उनमें से एक देहाती फौजी की बातों से परेशान हो रहा था और फौजी था कि सबको बता रहा था, "हम लोग दिन को डिनर और रात को लंच करता है।"

परेशान देहाती से जब नहीं रहा गया तो वह बोला, ''रै हम नै तो यो छोरा फौजी भर्ती कराया था। हमनै के बेरा था, अक यू हमनै-ए आई ब्लैडी, यू ब्लैडी, ही ब्लैडी, दे ब्लैडी - ले ब्लैडी कहणा शुरू कर देगा। मरा बटा ब्लैडी।''

★★★

फौजी आया गांव

फौजी अक्सर जिस माहौल में रहते हैं, अपने आपको उसमें पूरी तरह ढाल लेते हैं। क्षण भर के लिए भी कोई 'हरकत नहीं' की आदत उन्हें पूरा लफटैन बना देती है।

एक बार किसी गांव में एक फौजी छुट्टी पर आया। फौजी जब छुट्टी आता है तो उसके यारों की मौज बन जाती है। कभी रम की घूंट तो कभी बातों के लटके। और फौजी भी ऐन लटोपीन होकर रस से सराबोर रहता है।

उस फौजी के एक मित्र ने कहा, ''यार फौजी! थम निसाना क्यूकर मारो सो।'' ''इब देख'', फौजी बोला और उसने अपने मित्र की लाठी थाम ली। फिर फौजी नीलिंग पोजीशन (झुका हुआ) में आ गया।

दोनों हाथों के सहारे उसके एक कोने को आंख के पास लाकर फौजी ने निशाना लगाया। वह चीखा, ''बाई आंख बंद। दाहिनी आंख टारगेट पर। फार-साइट टिप का ऊपरी कोना बुल के सेंटर में। और ट्रिगर.....।'' और इतनी देर में सामने एक गामड़ी आ गया। फौजी ने

फट 'जैसे थे' का कमांड दिया और भोले-भाले गामड़ी पर बरसने लगा, ''ईडियट, अब गोली चल जाती और तू मारया गया होता तो ब्लैडी हम लोग का तो हो गया था ना कोर्ट मार्शल!''

★★★

तेथण

कई बार दुधारू पशुओं में किसी बीमारी के कारण गाय-भैंस तीन थनों वाली होती हैं। जिनकी कीमत चार थनों वाले पशुओं से कम आंकी जाती है। इन्हें तेथण कहा जाता है।

एक बार एक भाभी-ननद किसी गांव में नाखर (शोक व्यक्त करने) जा रही थीं। वे बस अड्डे पर गई और काफी देर इंतजार करती रहीं। जो बस आती, उसके कंडक्टर से पूछतीं, ''आं रे भाई, के भाड़ा लेगा?'' और कंडक्टर का जवाब सुन कर कहतीं, ''कुछ कमती-बत्ती कर ले।'' और बस चल देती।

कंडक्टर बारह आने भाड़ा बताते थे। इतनी देर में पीछे से एक तिपहिया टैंपू जिसे हरियाणा में 'भूंड' भी कहते हैं, आया। दोनों महिलाएं तिपहिया टैंपू के चालक से फिर भाड़ा पूछने लगीं। उसने कहा कि वह एक रुपया फी सवारी लेगा। इस पर महिलाएं सोच में पड़ गई कि चार पहियों वाली मोटर का भाड़ा तो बारह आने तथा तीन पहिए

वाले 'भूंड' का भाड़ा एक रुपया!

कुछ देर सोचने के बाद उनमें से एक चालक से बोली, ''तूं के असमान पैं को जावैगा, जा लेजा अपना तेथण।''

★★★

पाणीं पिलाणां

एक बार एक देहाती ने चपरासी की नौकरी कर ली। दफतर का सारा का सारा माहौल बेचारे देहाती के खिलाफ था। दफतर में सभी के सभी शहरों में बसने वाले 'सभ्य' लोग थे। बेचारा देहाती हमेशा उनके ताने सुनता रहता था।

''इसे नमस्ते करने की तमीज़ नहीं।'' ''यह उज्जड़ घोड़ू न जाने कहां से आ गया।'' ''कैसे-कैसे लोग भर्ती हो जाते हैं।'' ''इसको पहनने-ओढ़ने की तमीज़ नहीं।'' ''ज़रा इसकी बोली तो सुनो।'' और न जाने क्या-क्या। बेचारा देहाती जैसे-तैसे अपने दिन तोड़ रहा था।

आखिरकार एक नर्म-दिल अफसर को उस पर दया आ गई। अफसर ने महसूस किया कि बेचारे भोले देहाती के साथ ऐसा सलूक अशोभनीय है। उसने उसे अपनी मेज के पास बुलाया और कहा, ''देखो, अब हमें अपनी भूल का एहसास हो गया है। हम आगे से

तुम्हारे साथ जानवरों का सा बर्ताव नहीं करेंगे।''

इस पर देहाती बोला, ''ठीक सै बाबूजी, मैं भी तन्नै आगै तै बखौरे (गिलास) मैं थूक कै पाणी नहीं प्याऊंगा।''

★★★

किसान का व्यापार

देहातियों को लेन-देन करना आमतौर पर आता नहीं। कहते हैं किसान से गन्ना मांगो तो मना कर देगा और गुड़ की भेली, जो करीब दस किलो गन्ने के रस से बनती है, बांटता फिरेगा।

एक बार एक किसान ने भैसों का व्यापार शुरू किया। सोते-जागते वह भैंसों के सौदे ही करता रहता था।

एक रात उस किसान को एक सपना आया। सपने में वह अपनी भैंस बेच रहा था। खरीददार ने भैंस के तीन हज़ार रुपए लगाए और किसान चार हज़ार से कम तैयार नहीं था। वह बोला, ''ना भाई एक रपिया भी घाट नहीं ल्यूं।'' खरीदार ने उस भैंस के कुछ-एक अवगुण बताए, ''या म्हाश तो लांडी सै, खूंटा ठोक सै, कैरी सै, खूंढी सै, तेथण सै।'' किसान से नहीं रहा गया और बोला, ''ना भाई एक पीसा कमती नहीं ल्यूं।'' ये कहते हुए अपनी लाठी की ठोक ध

रती पर दे मारी और सपना टूट गया। उसकी

आंख खुल गई।

उसने खाट से उठकर देखा। न भैंस थी, न ही खरीददार। किसान खट से खाट पर लेट कर, आधी नींद में बोला, ''अच्छा ल्या दे, तीन हज़ार-ए दे-दे।''

★★★

मेरा-ए काम सै

हरियाणा में महिलाएं पुरुषों से अधिक काम करती हैं, यह तथ्य जग-ज़ाहिर है। सुबह-सवेरे उठ कर चक्की पीसना, पशुओं को चारा देना, घरवालों के कलेवे (नाश्ते) का प्रबंध करना, खेतों में जाना, दूध दुहना और बच्चों की देखभाल करना। और हरियाणा के मर्द आमतौर पर या तो चिलम-हुक्का पीते मिलेंगे या फिर कभी-कभार हल चला लिया, पानी लगा लिया।

इसी तरह एक देहाती ने एक के बाद एक संतान पैदा की। बेचारी घरवाली बच्चों की देखभाल करने में व्यस्त रहती और घर का मर्द हमेशा हुक्का-चौपड़ से ही फुरसत नहीं पाता था।

एक रोज़ जब वह शाम को चौपड़ खेलकर घर लौटा तो उसने देखा कि उसकी घरवाली बच्चों में ही लटोपीन थी। अब देहाती ने जानना चाहा कि क्या उसके पास अपने मर्द के लिए भी फुर्सत है या नहीं। उसने घर में घुस कर आवाज़ लगाई, ''के करै सै भागवान?'' बेचारी घरवाली जो पहले ही बच्चों से खूब परेशान थी, बोली, ''तेरे

करमां नै रोऊ-सूं।'' बेशर्म पति को और तो कुछ सूझा नहीं, यह कह कर संतोष कर लिया, ''लागी रह, लागी रह, मेरे-ए काम लाग री सै।''

★★★

लिफ्ट का कमरा

चौधरी देवीलाल जब हरियाणा के मुख्यमंत्री थे तो देहातियों की सीधी पहुंच हरियाणा सचिवालय की चौथी मंज़िल पर उनके कार्यालय तक हो गई। मुख्यमंत्री कक्ष के बाहर कुछ देहातियों की भीड़ जमा थी और 'ताऊ' जब बरामदे से होकर 'लिफ्ट' से नीचे चले गए तो वहां सुरक्षा अधिकारियों ने लोगों से कहा कि ''अब सी-एम साहब कल आएंगे।'' देहाती वहीं डटे रहे। सुरक्षा अधिकारियों ने फिर उन्हें चले जाने को कहा। इस पर एक देहाती बोला, ''रै पुलिसियो क्यूं बहकाओ सो...,'' और लिफ्ट की तरफ इशारा करते हुए उसने कहा, ''ताऊ तै इस कमरे में बड़ रहया सै, इब लिकड़ (निकल) आवैगा।''

दिल्ली के हरियाणा भवन में पांचवीं मंज़िल पर गांव का एक व्यक्ति किसी से मिलने पहुंचा। वापस जाते हुए वह बोला, ''क्यूं रै साहब, हाड़ै (यहां) कोई पड़काला (सीढ़ियां) कोनी के?'' ज़ाहिर है,

बेचारे को लिफ्ट में 'धक्के खाने' पड़े थे। और जब ऊपर की खिड़की से देखा तो दो मिनट में छम-छम करता गामौली (गांव वाला) लिफ्ट से पहले नीचे पहुंच गया था।

★★★

चंडीगढ़ की नौकरी

चंडीगढ़ में सरकारें आती-जाती रहती हैं। पता नहीं कब किसका बंटाधार हो जाए और किसके पौ-बारह। यही हालत मंत्रियों की होती है। कौन जाने कब किसकी किस्मत खुल जाए और कब किसकी लुटिया डूब जाए।

किस्सा उस ज़माने का है, जब हरियाणा में आयाराम-गयाराम नामक प्रणाली शुरू हुई थी। उस ज़माने में कहा जाता है कि विधायकों की तुलना थाली के मेंढकों से की जाती थी। न जाने कौन-सा मेंढक थाली से कब बाहर हो जाए।

इसी दौर में एक विधायक को दो-तीन बार मंत्री बनने का सौभाग्य मिला। मंत्रीजी फराख-दिल इंसान थे और स्त्रियों को बराबर का दर्ज़ा देने के हामी थे। लिहाज़ा अपनी पत्नी को दो-तीन बार चंडीगढ़ की सैर करवा दी।

मंत्रीजी की भोली-भाली पत्नी का "सिटी ब्यूटीफुल" में मन लग गया था। बेचारी पत्नी को यह नहीं पता था कि सरकारें क्या होती हैं। बस मंत्रीजी सरकार बनते ही उसे यह कहकर समझा देते थे कि

नौकरी लग गई है। एक दिन अपने स्वामी से यह सुन कर कि सरकार टूट गई है वह बोली, "दिखे जी, इब कै तो इसी पक्की-सी नौकरी टोह (ढूंढ) लिए अक इस रोज-रोज के बासण (बर्तन) ठाण के झंजट तै छुटकारा मिल ज्या।"

★★★

नास होण दे

देहाती लोग मीठा खाने के बड़े शौकीन होते हैं। हरियाणा में गुलगुले-पूड़े, लड्डू-जलेबी यहां की मनभाती मिठाइयां हैं। किसी की तारीफ भी करनी हो तो कहेंगे, "छोरा के सै जमा ए लाडू पड़या सै।"

एक देहाती शहर में गया। उसने देखा बाज़ार में हलवाई तरह-तरह की मिठाइयों के थाल सजाए बैठे हैं। लड्डू, जलेबी, बर्फी, इमरती की थालियां सजी देख कर उसके मुंह में पानी आ गया।

मगर वह यह सोचकर बड़ा अचंभित था। कि इतनी मिठाइयां सामने होते हुए भी हलवाई लोग उन्हें क्यों नहीं खाते।

आखिर वह एक दुकान पर गया। उसने हलवाई की आंखों के आगे हाथ हिलाना शुरू कर दिया और जब हलवाई ने आपत्ति की तो उसने कहा, "क्यूं रै सेठ तन्नै दीखता कोनी के? तेरे आगै ये मिठाई के ढू (ढेर) लाग रे। तूं इन्नैह खाता कोनी? हलवाई बोला, "जै मैं न्यू

मिठाई खाण लाग ज्यूं तो मेरा नासे नी हो जेगा।''

इतना सुनते ही देहाती ने लड्डू उठा-उठा कर खुद खाने शुरू कर दिए, यह कहते हुए - ''ले भाई, फेर तै मेरा-ए नास होण दे।''

★★★

कच्छे-कच्छे पहर कै

आज से कुछ साल पहले तक, और कुछ इलाकों में तो आज भी, हरियाणा के ग्रामीण अंचल में जब शादियां होती थीं, तब बाजा-गाजा तो होता था, मगर आज-सा बैंड नहीं होता था। एक देहाती ने शहर के वर्दी वाले बैंडबाजे का प्रबंध करने की सोची।

वह शहर में बाजेवालों के पास गया और बैंड-मास्टर से पूछा कि भाड़ा क्या होगा। बैंड मास्टर ने कहा-अगर वह तीस आदमी बुलाएगा तो वे नीली वर्दी में टोपी समेत आएंगे और तीन हज़ार रुपए लेंगे। देहाती को सौदा कुछ महंगा जान पड़ा, उसने पूछा, ''और कमती कर ल्यो।'' बैंड-मास्टर बोला, ठीक है वीस आदमी, लाल आधी वर्दी में यानी बिना टोपी के आएंगे तो दो हज़ार में सौदा हो सकता है।

देहाती को यह सब भी महंगा जान पड़ा, मगर बाजा तो शहर वाला ही करना था, सो बोला, ''देख मास्टर, यू पकड़ एक हजार रपिया, अर मेरी औड़ तै (तरफ से) चाहे कच्छे-वच्छे पहर कै बाजा बजाण आ-जियो।''

★★★

जाण दे... !

हरियाणा के लोग सादा पहनने व सादा खान-पान के लिए प्रसिद्ध हैं। खाने में दूध-दही और घी हो तो उन्हें और कुछ नहीं चाहिए।

एक बार किसी ने कहा, ''दिखे रै, यू देसी घी भी बढ़िया चीज सै, इस नै कहं मैं मिला कै खा-ल्यो।'' दूसरे ने चुटकी ली, ''क्यूं, तमाखू (तंबाकू) मैं मिला कै खा लेगा?''

कभी कोई चटपटी चीज़ खा ले तो उसको 'चटोरे' की उपाधि दे दी जाती है। एक बार एक महिला अपने हाली पति के लिए खेत में रोटी ले गई। बैल थाम कर, हाथ धोकर उस किसान ने रोटी की पोटली खोली। उसमें चार बड़े-बड़े रोट, लाल मिर्च की चटनी, लस्सी व प्याज थे। प्याज को हरियाणवी में गठा या गंठा भी कहा जाता है।

जब किसान रोटी खा रहा था तो उसका प्याज़ खत्म हो गया। वह पत्नी से बोला, "और गंठा सै के?" जानते हैं, इस पर पत्नी क्या बोली? उसने कहा, "जाण दे..... चटोरे!" अब यह न पूछिए कि एक अदद प्याज़ फालतू खाने की इच्छा रखने वाले को चटोरा कैसे कहा जाए?

★★★

जाट की लुगाई

एक बार एक जाट को सपना आया कि उसकी घरवाली लापता हो गई। बेचारा सपने में ही दर-दर भटकता रहा, मगर घरवाली का कुछ अता-पता नहीं चला।

जाट कभी 'बूझे' वाले को, कभी किसी और को पूछता फिरा, मगर सब बेकार। आखिरकार उसे सलाह दी गई कि अब वह बस रामजी का नाम लेकर बाकी जिंदगी गुज़ार दे।

सपना चल ही रहा था। वह सीधा सीता-राम के मंदिर में पहुंचा। घंटियां बजाई, राम-धुन गाई और हाथ जोड़कर सीता-राम की मूर्ति के आगे नतमस्तक हो गया।

अचानक जाट को लगा कि पास की ड्योढ़ी से हनुमानजी जाट की तरफ कुछ इशारा कर रहे हैं। जाट ने बजरंग बली को भी प्रणाम

किया। हनुमान बोले, "दिखै रै जाट, जै तनै अपनी लुगाई ढुहाणी (ढूंढवानी) सै तो मेरे तै बात कर, रामजी की घर-आली भी मै हे टोह कै लाया था।" और इतनी देर में जाट का स्वप्न टूट गया। उसके पास खड़ी जाटणी उससे कह रही थी, "खड़्या होले, दुप्फारा चढ़ रहया सै, कित बजरंग बली-बजरंग बली करण लाग रहया सै।"

★★★

जाय-रोया ऊंट

हरियाणा का वह हिस्सा जो राजस्थान से लगता है, बागड़ कहलाता है। यहां ऊंट को खेती के काम लाया जाता है और उसकी सवारी का भी चलन है।

एक बार एक जाट व जाटणी ऊंट पर सवार होकर कहीं जाने वाले थे। जाटणी रोहतक जिले की थी, जिसने कभी ऊंट की सवारी नहीं की थी।

ऊंट का कद काफी ऊंचा होता है और टांगें काफी लंबी, सो उठते हुए पहले अपना अगला हिस्सा उठाता है और फिर पिछला।

जाटणी ऊंट पर सवार हो गई। उठते वक्त ऊंट पहले अपनी अगली सिकोड़ी हुई टांगों को सीधा कर आधा खड़ा हो गया। जाटणी संभल कर बैठी रही, मगर जब ऊंट अपनी पिछली टांगें सीधी कर उठने लगा तो वह धड़ाम से नीचे आ गिरी।

इस पर जाट को गुस्सा आ गया, वह बोला, "तन्नै ऊंट पै कोनी बैठणो आवै।" रोहतक की जाटणी भोलेपन से बोली, "मन्नै के

बेरा था अक यू जाय-रोया दो बारी उठया करै सै।''

★★★

चढ़ाण आया था

हरियाणा में जब कोई लड़की अपने ससुराल आती है तो उसे छोड़ने के लिए औरतों का अच्छा-खासा हजूम सवारी-गाड़ी तक आता है। बचपन की सखिया गीत गाती हैं, 'साथन चाल पड़ी ए मेरे डब-डब भर आए नैन।'

इस सारी भीड़ में गाड़ी में जाने वाली लड़की और उसका वर आदि एक-दो जने ही और होते हैं।

एक बार इसी तरह रेलवे स्टेशन पर एक वर-वधू को विदा करने एक व्यक्ति गया। गाड़ी कुछ वक्त पहले ही आ गयी और स्टेशन पर थोड़ी देर रुक कर चलने लगी।

भाग-दौड़ मचाकर तीनों देहाती रेल के साथ-साथ चलते रहे। डिब्बे के अंदर के लोगों से लड़ने लगा कि उन्होंने उसे चलती गाड़ी के डिब्बे में क्यों खींचा। लोगों ने समझाया कि भई तुम खुद गाड़ी के साथ-साथ इसीलिए तो भाग रहे थे कि सवार हो जाओ। इस पर देहाती अपना सिर पकड़ कर बोला, ''रै खस्मों, ओ बटेऊ तौ पाछै ए रह गया, मैं तो इन छोरी-बटेऊ नै गाडी मैं चढ़ाण आया था। तमने मैं ही खींच लिया- ए मरहयार।''

★★★

शटाक

कहते हैं कि पुलिस वालों की न दोस्ती अच्छी और न दुश्मनी। हरियाणा में एक कहावत है कि जो गधा थानेदार के घर लकड़ी डाल आता है वह एहसासे-बरतरी के कारण अपने साथी गधों में आकर खड़ा नहीं होता।

बहरहाल, एक आटे की चक्की वाला बनिया थाने में घुसा तो उसने देखा कि किसी मुस्तबे की जमकर 'सचपुत्तर' से धुनाई हो रही है। शटाक-शटाक-शटाक. .... घबरा कर बनिए ने अपने कानों में उंगली दे ली।

इतनी देर में थानेदार की नज़र भीगी बिल्ली बने बनिए पर पड़ी और वह चिल्लाया, "क्यूं रै लाला क्यू कर आया? बोल के बीमारी सै।" बनिया बोला, "कुछ नहीं हजूर, मैं तो न्यूं पूछण आया था, एक गेहूं की बोरी भिजवा दयूं?" थानेदार ने कहा, "गेर ज्या।" बनिए ने वापस आकर अपने छोटे भाई से कहा कि एक बोरी गेहूं थानेदार के यहां गिरवा दे। छांटा भाई नहीं माना और बोला कि वह खुद थानेदार से बात कर के मना कर आएगा।

बेचारा थाने पहुंचा तो वही 'कार्यक्रम' वहां फिर चल रहा था। थानेदार बनिए के भाई पर गरजा, "रै तूं कोण सै।" बनिया बोला, "मैं तो कूछे कोनीजी, चाक्की आले का भाई सूं। न्यूं पूछण आया था अक गेहूं पिसवा के भिजवाणी सै के?" उधर थानेदार अपनी मूंछों पर ताव दे रहा था।

★★★

नोट की आंख

अगर आपने गोहाना-बिचपड़ी-जागसी-ऐन्चरा रूट पर हरियाणा परिवहन की बस में सफर नहीं किया तो कर डालिए।

एक कंडक्टर ने एक फटा-पुराना सा नोट एक बूढ़े को थमा दिया। बूढ़े ने उसे उलट-पलट कर अपनी आंखों के ऐन पास सटाकर देखा कि नोट फटा-पुराना है, शायद नहीं चलेगा। उसने कंडक्टर से कहा, "रै, कलैंडर यूं नोट बदल दे भाई, मेरी अक्कल न मारै।" कंडक्टर जो बूढ़े के 'कढ़े' होने का अंदाज़ा उसके नोट के मुलाहिजे से लगा चुका था, बूढ़े की कमज़ोर आंखों पर कटाक्ष करते हुए बोला, "क्यूं ताऊ इस नोट की के आंख दुखणी आ री सैं?"

कंडक्टर शरारती था। आगे बढ़ा तो उसकी नज़र एक खूबसूरत महिला पर पड़ी जो अपना दूध-पीता बच्चा गोद में लिए थी। उसने महिला को तो टिकट दे दिया। मगर साथ में उससे बच्चे की उम्र पूछने लगा। अमूमन टिकट के लिए कंडक्टर बच्चों की उम्र पूछ ही लेते हैं। पर महिला एक दूध-मुंहे बच्चे की उमर पूछने की शरारत को समझ गई और उसने अपना पल्ला उठा कर कहा, "बाहत्तर साल।" कंडक्टर का मुंह देखने लायक था।

★★★

नई किस्म

पंजाब में जहां पिंड का अर्थ गांव होता है, वहां हरियाणवी बोली में पिंड, देसी घी-बूरा व पराठों के मिश्रण से बने चूरमे को कहते हैं। आज तक भी विशेषकर ग्रामीण महिलाएं कहीं आते-जाते पिंड साथ लेकर चलती हैं, क्योंकि होटल का खाना अच्छा नहीं समझा जाता। तो एक देहाती को तारीख-पेशी के लिए शहर जाना था। उसकी पत्नी से उसका ''पैक्ड फूड' यानी चूरमे का पिंड तैयार कर उसे दे दिया।

देहाती रेल के डिब्बे में सफर कर रहा था और उसके सामने वाली सीट पर एक सरदार जी बैठे थे। जैसे ही देहाती ने अपना चूरमा खाना शुरू किया तो सरदार जी ने महज़ बातचीत शुरू करने के लिए देहाती से पूछा, ''तेरा पिंड (गांव) केहड़ा है?'' इस पर भोले-भाले देहाती ने यह समझ कर कि सरदार उसका स्वादिष्ट व्यंजन मांग रहा है, आधा पिंड उसको दे दिया और बिना बोले मुंह फेर कर फिर खाने लगा। चूरमा खाकर सरदार जी ने फिर पूछा, ''तेरा पिंड केहड़ा है?'' देहाती ने बता दिया, ''बाजरे का सै बाजरे का।'' अब देहाती ने सोचा कि उससे भी पिंड के बारे में पूछ लिया जाए, सो बोला, ''अर तेरा 'पिंड' क्यां का सै?'' सरदार ने कहा, ''लालडू''।

देहाती को कुछ समझ में नहीं आया। कुछ सोचकर बोला, ''यू तो किम्मै (कोई) नया-ए (नया ही) नाज (अनाज) चाल्या सै।''

★★★

मरोड़ का डाहला

हरियाणा वालों की एक खास बात यह है कि वे अपने ऊपर खुद भी हंस सकते हैं। लेकिन सभी समाजों की तरह यहां ऐसे लोग भी मिल सकते हैं जिनका नारा होगा-हम नहीं सुधरेंगे। ऐसे लोगों को हरियाणा में 'भया-या' के नाम से जाना जाता है। असल में भया-या मोटी खाल वाला ऐसा व्यक्ति है, जिसके ऊपर किसी तरह का परामर्श असर नहीं करता और वह व्यक्ति अपने में इतना लीन रहता है कि अपनी भर्त्सना की जरा भी परवाह नहीं करता।

एक बार एक भया-या ने अपने साफे (पगड़ी) के नीचे लंबा तुहरा छोड़ा हुआ था। इस तरह तुहरा (पगड़ी का खुला लम्बा हिस्सा) छोड़ना हरियाणवी समाज में प्रतिष्ठा की निशानी समझा जाता है। बहरहाल, किसी अन्य व्यक्ति ने इस भया-या को टोका कि उसने बहुत लंबा तुहरा छोड़ा हुआ है। उसने जवाब दिया कि यह तुहरा नहीं, बल्कि 'मरोड़ का डाहला' फूटा हुआ है। इस पर दूसरे व्यक्ति ने कहा, ''इसा मरोड़ का डाहला (टहनी) कदे-कदे पिटवा दिया करै सै।'' इस पर भया-या ने कहा, ''पिट-या, मैं कई बार पिट-या। फेर तेरे यार का मरोड़ का डाहला न्यूं-ए फूटया।''

★★★

पाई का हरफूला

हरियाणा में कैथल के पास पाई बहुत बड़ा गांव है। इस गांव के चौधरी हरफूल सिंह अपने ज़माने में माने जाते थे। हरफूल सिंह की एक मंत्री से नहीं बनती थी। जब वही मंत्री एक बार उस ज़िले में पहली बार दौरे पर आए जहां हरफूल सिंह डी.सी. थे, तो उन्हें स्वागत कक्ष में न पाकर मंत्री आग बबूला हो गए। उन्होंने अपने पी.ए. को कहा कि मंत्री की तशरीफ़-आवरी हो और डी.सी. की यह मजाल कि उपस्थित न हो। हुक्मेआली जारी हुआ, ''इस डी.सी. नै सस्पैंड कर दयो।'' पी.ए. ने कहा कि मंत्री जी ऐसा नहीं कर सकते, क्योंकि 'रूल्ज' ऐसे नहीं हैं। इस पर मंत्री ने कहा, 'रूल्ज़ आर हीयर-बाय अमेंडिड, एंड डी.सी. हरफूल सिंह सस्पैंडिड!''

पाई गांव का ही एक भोला-भाला ग्रामीण हरफूल सिंह के दफ्तर गया। गांव वाले के लिए तो अपना आदमी अपना ही होता है, अफसर होता होगा वह औरों के लिए। ऐसा ही ख्याल करके उसने दफ्तर के बाहर स्टूल पर बैठे चपरासी को तो कहा, ''बाबू जी, राम-राम'' और डी.सी. साहब के बारे में पूछा, ''पाई का हरफूला बैठ्या सै के?''

★★★

यादे कोनी दी

जहां एक आम देहाती देखने में भोला-भाला नज़र आता है, वहां हरियाणा में किसी भी देहाती से कुछ कहा जाए तो उसकी क्या प्रतिक्रिया होगी, इसका पहले से अंदाज़ा लगाना मुश्किल है। किसी से समय पूछिए तो जवाब मिलेगा, "क्यूं फांसी टूटैगा?" या कह सकता है, "गाड़ी पकड़नी सै?" किसी से हालचाल पूछिए तो जवाब मिलेगा, "क्यूं मेरै के कोढ़ लाघ रहया सै?" या "मैं के मरया दिखूं सूं।" किसी से पूछो कहां जाओगे, जवाब मिल सकता है, "कूएं में पड़ूंगा, तन्नै कै?"

एक छोकरे को एक बूढ़े ने समझाया कि वह बुजुर्गों के साथ तमीज़ से बात किया करे। बूढ़ा एक आंख से काना था। अगले रोज़ वही छोकरा उसे राह चलता मिल गया। दूर से बूढ़े को आते देख कर वह बोला, 'दादा काणे राम-राम!' बूढ़ा और तो कुछ कह नहीं पाया, बस बोला, "छौरे ये सैं तेरे लड़ाई के लिच्छण (लक्षण)"। इसी तरह एक व्यक्ति ने एक शरारती किस्म के व्यक्ति को कहा, "दिखै रै कदे तूं आग लगा दे।" जवाब मिला, "या तो यारां के यादे कोनी थी, ईब ले।"

★★★

थूक राख्या था

एक बार एक जाट को फसल में काफी नुकसान हो गया। हालात भूखों मरने तक पहुंच गए। सो उसने एक नवाब के यहां नौकरी कर ली।

नवाब साहब के ठाठ-बाठ देखते ही बनते थे। कभी हुक्का पानी, कभी शतरंज खेलना, कभी कबूतरबाजी तो कभी पतंगबाजी। जाट ने भी आहिस्ता-आहिस्ता नवाबी रहन-सहन देख समझ लिया। मगर अभी भी उसे कई चीजों का पूरा ज्ञान नहीं था।

एक बार नवाब के यहां कोई तकल्लुफ पसंद मेहमान आया। नवाब को पीक थूकने के लिए पीकदान की ज़रूरत पड़ी। उन्होंने जाट का नाम लेकर पुकारा और पीकदान लाने को कहा। जाट को मालूम नहीं था कि यह पीकदान क्या बला है। इशारतन उसने नवाब साहब से पूछा तो उन्होंने धीरे से कहा, "वो मुड़मा सी चीज़।" और जाट मुड़ी हुई जूती उठा ले गया।

अब नवाब साहब झल्लाए और फिर इशारा किया। अब की बार जाट असली पीकदान उठा लाया। नवाब साहब बोले, "हां भई यही तो मंगवा रहे थे हम।" जाट बोला, "हजूर ल्याऊं तो यू-हे था, फेर इस मैं तो किस्से कमबख़त ऐंडी नै थूक राख्या था।"

★★★

कोई और भी काम था?

जहां पुलिसिया अपनी तुनक-मिजाज़ी के लिए जाना जाता है, वहां नाई अपनी हाज़िर जवाबी के लिए प्रसिद्ध है।

एक बार एक नाई किसी लड़की की कोथली लेकर उसके ससुराल जा रहा था। नाई अपने ख्यालों में खोया हुआ था और पोटली

सिर पर रखी हुई थी। अचानक उसके पीछे से उस इलाके के दरोगा जी की सवारी आई।

ड्राईवर ने बहुत देर तक भोंपू-हार्न बजाया, मगर नाई रास्ते के ऐन बीच में ही चलता रहा। गाड़ी में बैठे दरोगा को बहुत गुस्सा आया। उसने गाड़ी रुकवाकर नाई को कमर पे दे-डंडा, दे-घूंसा, खूब मारा। बेचारे नाई की पोटली एक तरफ लुढ़क गई और उसे समझ नहीं आया कि ये सब क्या हुआ?

दरोगा नाई की 'ताजपोशी' करके वापस गाड़ी में बैठ गया। नाई ने थोड़ा संभल कर हाथ जोड़ कर दरोगा जी से अर्ज की, "क्यूं जनाब थम थाणे तै इतनी दूर मनै-ए देदड़ण (पीटने) आए थे अक कुछ और बी जरूरी काम था?"

★★★

गंगा की मींडकी

एक जाट और एक पंडित की बड़ी दोस्ती थी। दोनों ने सलाह बनाई कि हरिद्वार घूम कर आया जाए। दोनों ने सामान बांधा और रेलवे स्टेशन पहुंच गए। जाट टिकट लेने खिड़की पर गया और बोला, "बाबूजी, दो टिकट हरदुआर के अर बाकी पीसयां का बीड़ी का बंडल दिए।" टिकट के साथ बाबू की डांट खाकर आगे बढ़े।

रेल आई और जाट ने डिब्बे में कदम रखा ही था कि इंजन ने सीटी मारी। जाट उलटा प्लेटफार्म पर कूद गया। पंडित ने समझाया, ''इस की दूखदी रग पै पां (पांव) पड़ गया होगा, चाल।'' दोनों डिब्बे में चढ़ गए और गाड़ी चल पड़ी। अब जाट ने अपनी पोटली गाड़ी रोकने वाली चेन से बांध दी। थोड़ी देर में रेल रुक गई। गार्ड आया और उनसे पूछा कि यह पोटली किस की है, जिसके कारण रेल रुक गई। जाट ने भोलेपन से स्वीकार किया, ''इस मैं देसी घी का चूरमा सै जी, बड़ी ताकत की चीज सै, गाड़ी ज़रूर रोक दी होगी!''

दोनों पहुंचे हरिद्वार। गंगा किनारे बैठे पंडित ने सोचा कि आज मौका है, जाट से गाय दान में लूंगा। उसने रेत उठाकर जाट के माथे पर लगाई और बोला, ''मैं तेरा पुरोहित अर तूं मेरा जजमान, या गंगा की रेती समझिए तिलक समान।'' और उसने जाट को कहा कि अब उसे गाय दान करनी चाहिए। जाट था तो भोला, मगर इतना नहीं। उसने पानी में तैरती एक मेंढकी को पकड़ लिया और पंडित की तरफ हाथ बढ़ाते हुए कहा, ''तू मेरा पुरोहित अर मैं तेरा जजमान, या गंगा की मींडकी समझिए गऊ समान।'' और उसने 'गाय' दान कर दी।

★★★

रेल का काटड़ू

हरियाणा में बांगर प्रदेश के लोग जहां अपनी खूबसूरती व कद-काठी के लिए प्रसिद्ध हैं, उतने ही भोलेपन के लिए भी।

एक बार की बात है। एक बांगरू ने रेल का सफर किया। उसके बहुत साल बाद तक वह किसी सवारी गाड़ी में नहीं बैठा। उस

ज़माने में लोग ज्यादातर रैढू या घोड़ी पर चला करते थे। बस-लारी भी नहीं चलती थी।

उसी दौर में गांव में एक बारात आई। बाराती अभी बस में ही बैठे थे कि दहाड़ मार कर हडकंप में भागना-दौड़ना शुरू कर दिया। वह लोगों को सचेत करता भाग रहा था, ''अपणे-अपणे घरां में बड़ ज्यो। कुआड़ मूंद ल्यो, कठै होके उपर बैठे सो, रेल का काटडू (कटड़ा) तुड़ायां (खुला) फिरै सै।'' बस को रेल का बच्चा जो समझा बैठा था बेचारा बांगरू!

★★★

मुर्गे की फसल

अकसर पानी के बंटवारे पर गांवों में झगड़े होते रहते हैं। जहां किसान सर्दी-गर्मी की परवाह किए बगैर फसल को सींचता है, वहीं उसे उस फसल से अपनी औलाद का-सा प्यार हो जाता है।

खेती में जब पानी देना होता है तो न दिन देखा जाता है और न रात। वैसे भी कोई रात को देर तक जगा हो तो कह देते हैं, ''क्यूं रात नै के पाणी पै था।''

एक बार दो किसान बड़े सवेरे पानी के ऊपर झगड़ा कर रहे थे। दोनों में झगड़ा इस बात को लेकर था कि एक की बारी खत्म हो गई थी। मगर दूसरा नहीं मान रहा था। असल में दूसरे किसान के खेत का थोड़ा-सा हिस्सा सूखा ही रह गया था।

इतनी देर में पहले किसान ने कस्सी मारी और पानी अपनी तरफ तोड़ लिया। दूसरा बोला, ''रै बेईमान, मुर्गा बोलण की तो बाट देख लेता।'' इस पर पहले किसान ने पानी तोड़ना जारी रखते हुए कहा, ''फसल तो मेरी उजड़ै सै। मरे-बटे मुर्गे के, के धान सूकैं (सूखे) सैं ?''

★★★

जिला जींद

आजकल का जिला जींद किसी ज़माने में रियासत जींद का हिस्सा होता था। इसका मुख्यालय संगरूर में हुआ करता था। हरियाणा बनने के बाद जींद उपमंडल का दर्जा बढ़ा कर इसे जिला बनाया गया था।

चतरू अपनी पत्नी के साथ अपने गांव से सौदा-पत्ता खरीदने जींद आया। मियां-बीवी जब खरीददारी से फारिग हुए तो अपने चूरमे की पोटली खोली और खाना शुरू कर दिया।

क्योंकि जींद उस समय नया-नया जिला बना था, वहां प्रगति कार्य भी बड़ी शीघ्रता से हुए थे।

चतरू और उसकी पत्नी अभी-अभी बनी एक पानी की ऊंची टंकी के नीचे बैठ कर चूरमा खा रहे थे। पत्नी ने सहसा चतरू से पूछा, "न्यूं सुणी थी, अक जींद जिला बण-गया?" चतरू को कुछ ज्यादा जानकारी तो नहीं थी, पर फिर भी उसने अपनी पत्नी को पानी की ऊंची टंकी की तरफ इशारा करते हुए समझाया, "मेरी सुसरी, जिस कै नीचे बैठ के तूं चूरमा भसकण (खाने) लाग री सै, यो-हे तो जिला बणया सै।"

★★★

हम्बै

हरियाणवी बोली में कुछ ऐसे शब्द हैं, जो केवल कुछ इलाकों में ही बोले जाते हैं और खूब बोले जाते हैं अब 'ऐन्डी' को ही लीजिए। रोहतक जाइए और आपको अपने चारों ओर ऐन्डी ही ऐन्डी मिलेंगे।

अच्छा हो तो ऐन्डी, बुरा हो तो एन्डी। खरा हो तो एन्डी, खोटा हो तो ऐन्डी। तगड़ा हो तो ऐन्डी, माड़ा हो तो ऐन्डी। किस्सा मुख्तसर कि जिस व्यक्ति में जो खासियत है, अच्छी या बुरी, वही रोहतक में ऐन्डी है। ऐन्डी छोरा, ऐन्डी बूढ़ा और यहां तक कि ऐन्डियों के ऐन्डी को 'पाक्या होया ऐन्डी' भी कह देते हैं।

इसी तरह का एक शब्द है 'हम्बै'। यह सूबा दिल्ली में बोला जाता है और उसका अर्थ होता है 'हां'।

एक बार एक विदेशी को दिल्ली सूबे वाला देहाती कुतुबमीनार के पास मिल गया। विदेशी ने उससे पूछा कि क्या यह सच है कि एक विमान दुर्घटना के बाद कुतुबमीनार की दो मंज़िलें हटा दी गई थीं। सूबे वाले ने कहा, 'हम्बै'।

विदेशी ने अपना अंग्रेज़ी-हिन्दी शब्दकोश निकाला, मगर 'हम्बै' का अर्थ नहीं मिला। उसने फिर किसी और से 'हम्बै' का अर्थ पूछा। उसने विदेशी को समझाया कि जो लोग पढ़े-लिखे हैं, वह 'हाँ जी' कहते हैं और जो अनपढ़ हैं, वे 'हम्बै' कह देते हैं। विदेशी ने पूछा, 'क्या तुम पढ़े-लिखे हो?' जवाब मिला, 'हम्बै'।

★★★

माड़ा सा ढीला

आज से कुछ समय पहले का किसान प्राकृतिक विपदाओं को चुपचाप सहन कर अपनी अगली फसल के अच्छे होने की उम्मीद में सब्र कर लिया करता था। लेकिन आज के हरियाणा में इतनी जागृति ज़रूर आई है कि किसान सरकार तक अपनी बात पहुँचा कर किसी न किसी रूप में नुकसान के लिए मुआवज़ा पर लेते हैं।

कुछ बरस पहले झज्जर व उसके आसपास के इलाके में खूब पानी बरसा। फसलों को ज्यादा नुकसान तो नहीं हुआ, मगर रामलाल और चंदगी ने सलाह बनाई कि सरकार के बाढ़ राहत कोष से कुछ सहायता ली जाए।

दोनों सीधे रोहतक के कलक्टर के पास पहुंचे और बरसात से हुए नुकसान को बढ़ा-चढ़ा कर बताने लगे।

कलक्टर साहब दक्षिण भारतीय थे। कुछ ज्यादा तो समझ नहीं पाए, मगर उन्होंने पानी से हुए नुकसान का कुछ अनुमान लगाया और तैयारी शुरू कर दी।

कुछ देर बाद कलक्टर साहब बरसाती पहन, छाता ले और जंगल-बूट डाल कर किसानों के पास पहुंचे। साहब ने जो 'बन्दोबस्त' लगाया था, उसे देख कर दोनों हंसने लगे और हाथ जोड़ कर बोले, "कलक्टर साहब, जितना सांग तू भर रहया सै ना, इतनी बात नहीं सै। माड़ा सा ढीला हो ले, इतना पाणी नहीं बरसया।"

★★★

जहाज़ गेरणा

इस प्रदेश में आज भी ऐसा माना जाता है कि शादी के लिए फलां गांव, गुहांड व गोत्र ठीक नहीं हैं। बड़े-बड़े जब रिश्ता तय करते हैं तो यह ज़रूर जांचते-परखते हैं कि वर या वधु के गांव की सामाजिक प्रतिष्ठा कैसी है।

एक गांव में एक रिश्ते की बात चल रही थी। दोनों तरफ के गोत्र मिलाए जा रहे थे और बाकी बातें तय की जा रही थी। सगाई, टेवा, ब्याह की तारीखें निश्चित की जा रही थीं। मगर घर का एक बुजुर्ग था जिसे वह रिश्ता मंजूर नहीं था और वह किसी बात में कोई दिलचस्पी नहीं ले रहा था।

बूढ़ा कभी हुक्के के लिए तंबाकू लेने जाता, तो कभी किसी को आग रखने के लिए बुलवाता। असलियत में बूढ़ा नहीं चाहता था कि यह रिश्ता सिरे चढ़े। मगर अपने कुनबे वालों के डर से कुछ कह भी नहीं रहा था।

उसने एक तरकीब सोची कि यदि रिश्ता लाने वालों को अपने गांव की बुरी प्रतिष्ठा का आभास करा दिया जाए तो शायद रिश्ता टूट जाए। उसने अपनी लाठी उठाई और ऊंची आवाज़ में गली में खेल रहे बच्चों को डांटना शुरू किया, ''रै जाणं दयो छोरयो। उडदे जहाजां कै ढीम (ढेले) ना मारो। यू गाम तो पहल्यां ए बहोत बदनाम सै।'' और रिश्ता टूट गया।

★★★

नथ का सवाल

हरियाणा में पति-पत्नी संबंध बड़े मजेदार होते हैं। इनकी नोक-झोंक देखते-सुनते ही बनती है। न जाने किस अवस्था में दोनों में से कोई क्या कह दे, इसका सहज अंदाज़ा लगाना कठिन है।

घरवाली की ज़िद के कारण रिसाला उसे मेले ले गया। रिसाला सारा दिन चुप रहा जबकि उसकी पत्नी ने मेले का पूरा आनंद लिया। वैसे भी हरियाणवी मर्द अपनी महिलाओं का मेले आदि में साथ जाना कुछ ज्यादा पसंद नहीं करते। कोई ज्यादा ही ज़िद करे तो यह कह कर चुप करा देते

हैं, ''क्यूं घणी चूंटी कटवाण नै जी कर रह्या सै।'' ज़ाहिर है मेले में शरारती लोग भी होते हैं।

बहरहाल, रिसाला भी अपनी मर्जी के खिलाफ पत्नी को मेले में लेकर गया था। पत्नी ने तिरछी आंखें कर थोड़ा मुस्करा कर रिसाले को कहा, ''तू मन्नै एक नथ-ए पहरवा दे।'' पहले से ही दुखी रिसाले ने जवाब दिया, ''री सुसरी, मैं तेरी नाक कटवाण नै फिरूं सूं (मौका ढूंढ रहा हूं)। अर तन्नै नथ की पड़ री सै।'' वाह रे चौधरी!

★★★

एकला कोन्यां यो

कहावत है कि दोस्त वही होता है जो मुसीबत में काम आए और हरियाणवी इससे भी एक कदम आगे की बात सोचते ही नहीं, मौका पड़ने पर इसे चरितार्थ भी कर दिखाते हैं। यह सोहार्द मनुष्यों तक ही सीमित नहीं है, जानवर भी अक्सर दया के पात्र बनते हैं।

किस्सा ऐसे कि एक बार गांव में एक बंदर आ गया। बंदर अमूमन बसासत से दूर बूढ़े बरगदों, बागों या मन्दिरों में ही रहते हैं। मगर वक्त का मारा यह बंदर शायद रास्ता भटक गया था।

अब सारा गांव उसके पीछे लट्ठ लेकर पड़ गया। भागता-भागता बंदर थक गया। इस छत से उस पर, इस मुंडेर से उस पर, इस खम्बे से उस पर, इस पेड़ से उस पर। मगर गांव वाले मय कुत्तों के उसके पीछे लगे हुए थे।

एक जाट ने जब यह सब देखा तो उसने पूछा, "रै यो के हो रहया सै।" लोगों ने बताया कि यह उत्पात मचाने वाला बंदर पकड़ा जाना चाहिएं जाट ने कहा कि यह तो सरासर ज्यादती है कि बंदर अकेला और सारा गांव एक तरफ। बस चौधरी साहब से न रहा गया। लाठी उठाई और बंदर की तरफदारी करते हुए बोले, "वाह-भई-वाह, कोई जणा एकला फंस ज्या तो उस गेल न्यूं करया करैं सैं ?" मैं इस बंदर कैड़ (की तरफ) सूं, इब आओ किसनै आणा सै......... ।

★★★

मुसीबत का द्वार

हरियाणवी समाज में पशु-पक्षियों के किस्से-कहानियां आम हैं। अमूमन ये बोध कथाएं होती हैं। मगर यहां इन किस्से-कहानियों में हास्य का पुट अनूठा मिलता है।

गीदड़ को काफी चालाक और होशियार समझा जाता है। कहते हैं कि एक बार एक शेर पिंजरे में बंद था और पास से एक जाट गुज़र रहा था। शेर ने जाट से कहा कि वह पिंजरे की सांकल खोल कर उसे आज़ाद कर दे। जाट ने वैसा की किया। बाहर आते ही शेर ने जाट से कहा कि मैं तुम्हें खाऊंगा। जाट बोला, यह तो विश्वासघात है। चलो गीदड़ से फैसला करवा लेते हैं।

मामला गीदड़ की अदालत में पहुंचा तो उसने कहा, "मैं मान नहीं सकता कि एक जंगल का राजा और पिंजरे में बंद हो।" इस पर

शेर ने कहा कि वास्तव में था तो ऐसा ही। मगर गीदड़ बोला कि वह खुद देखना चाहता है।

तब शेर जाकर पिंजरे में घुसा और कहने लगा, ''मैं न्यूं पिंजरे के भीतर था।'' बाहर से गीदड़ ने झट सांकल लगा दी और अपनी मूछों को ताव देते हुए जाट से बोला, ''रै आडू, किसे राड़ (मुसीबत) के कुआड़ (दरवाज़े) खोलण तै पहल्यां किसे मेरे बरगे श्याणे तै-ए पूछ लिया करो।''

★★★

ताता-मीठा

जहां हरियाणवी में 'अक्ल मारण' का अर्थ बेवकूफ बनाना होता है वहां नकल मारणा का मतलब किसी के व्यक्तित्व पर छींटाकशी करना है।

देहाती चाहे दिखने में कितने ही भोले-भाले नज़र आते हों, मगर कई बार ऐसी छोड़ते हैं कि बिलकुल फिट बैठती है।

एक बार किसी ने कहा कि हलवा खाने में इतना मज़ा क्यों आता है। दूसरे ने कहा, ''भाई मीठा हो सै अर ताता-ताता हो सै।'' मगर पहले ने कहा ''ताता-मीठा तो गुड़ भी हो सै फेर हलुऐ की तो चालें न्यारी सै''। दूसरे ने पूछा कैसे, तो पहले ने कहा, ''दिखे, मुंह मै तै पेट में न्यूं जा सै जणु लूला (लगंड़ा) पैड़ियां (सीढ़िया) उतरदा हो।''

ऐसे ही दो देहाती खड़े बातें कर रहे थे। सामने चारपाई पर एक बहुत बूढ़ा व्यक्ति बैठा था। बुढ़ापे के कारण उसका सारा बदन कांप रहा था। पहले ने पूछा, "रै यो के सै?" दूसरे ने कहा, "म्हारा बूढ़ा (बाप) सै।" पहले ने कहा, "वा तै ठीक सै फेर यू स्टार्ट कर कै क्यूं छोड राख्या सै?"

शादी से पहले बहुएं देखने का फैशन गांवों में भी काफी प्रचलित हो चला है। एक बूढ़े ने यह कहते हुए एक बहुत कमज़ोर लड़की के रिश्ते को ठुकरा दिया, "या छोरी सै अक बीजणा (हाथ का पंखा)"?

★★★

डबो-डबो कै

एक बार एक बहू और उसका बूढ़ा ससुर घर में अकेले रह गए। बहू का एक दूध पीता बच्चा था जिसे उसने अपने ससुर को थमाया और खेतों में चली गई। हरियाणा में बहुएं अपने पति से उम्र में बड़े किसी भी मर्द से, उसके पीहर वालों को छोड़ कर, बात नहीं करतीं और पर्दा करती हैं। यह बहू भी खेत जाते हुए अपने ससुर को नहीं बता सकी कि उसका नन्हा पोता भूखा था। बस उसे उसके दादा को थमा कर खेत में चली गई।

इधर, बूढ़ा ससुर रोते हुए बच्चे से परेशान इधर-उधर घूमता रहा। आखिरकार वह उसे उठाए-उठाए ही एक चाय की दुकान पर

चला गया। किसी ने सलाह दी, ''थोड़ी चाह पिया दे, कदे यो बालक भूखा हो।'' बूढ़े ने चाय बनवा कर बच्चे को कप से पिलानी चाही। मगर बच्चा इतना छोटा था कि वह अपनी मां से ही दूध पी सकता था। बूढ़े को हैरान-परेशान देख कर पास बैठे एक व्यक्ति ने कहा, ''बूढ़े ये मूंछा का भरोटा किस दिन काम आवैगा, चाह में डबो-डबो कै पोते नै चुसा दे....... ।''

★★★

उस की भी सुण ल्यो

आधुनिकीकरण का इतना असर अब लोगों पर ज़रूर है कि देहात में किसी को चोट लग जाए तो ट्रैक्टर का जला हुआ मोबिल-आयल जख्म पर लगा लेंगे। ज्यादा चोट लगने पर दूध, हल्दी और घी-गेरू भी पिला दिया जाएगा। मगर ये सभी चीजें बेस्वाद ही नहीं होतीं, कई बार इनके सेवन से मतली और उल्टी भी होने लगती है।

ऐसे लोग भी हैं जो थोड़ी सी चोट लगने पर फंड ज्यादा भर लेते हैं। एक व्यक्ति पेड़ से गिर गया। उसे तत्काल रजाई में दबा दिया गया। ग्रामीणों का मानना है कि गर्मी से भी कई बार आराम मिलता है। मगर उस आदमी को तो उतनी चोट नहीं लगी थी। वह अपनी सेवा ज्यादा करवाना चाहता था।

बेहोशी का स्वांग भरे हुए वह लोगों की बातें सुनता रहा। कोई कुछ कह रहा है, कोई कुछ। ऐसे में कड़वी-कड़वी चीजें पिलवाने का

सुझाव दिए जा रहे थे। इतनी देर में एक व्यक्ति आया। दरवाजे पर खड़ा-खड़ा ही वह बोला कि क्यों न इसे थोड़ा गर्म हलवा ही खिला दिया जाए? उसकी बात पर जब किसी ने ज्यादा गौर नहीं किया तो फंड भरने वाले 'जख्मी' ने थोड़ी आंखें खोलीं और कराहते हुए बोला, ''अरै थम उस कुवाड़ी (दरवाजे) धोरै खड़े होए की भी सुण ल्यो..... ...झकोइयो अपणी-अपणी ना गाओ!''

★★★

पत की खपत

हरियाणा के लोग बड़े सीधे-सादे माने जाते हैं। कोई चाहे तो एक बारगी बहका ही ले। जैसे एक विपक्षी सांसद हरियाणवी लोगों को यह समझाने की कोशिश करते थे, ''भाइयो, जिस पाणी तै तम अपणे खेतां में दयो सो, उसकी बिजली तो भाखड़ा पै-हे काढ़ ली थी-थारे हिस्से मैं तो फोका (केवल) पाणी आया सै।''

इसी तरह चार बातूनी देहाती किसी पेड़ के नीचे बैठे गप्पें हांक रहे थे। चारों के चारों थे घर से फालतू, निकम्मे। वक्त काटने के लिए कुछ न कुछ शोशा करते रहते थे। एक ने कहा, ''अच्छा भई जै कोई उन सैहरां (शहरों) के नाम बता दे जिसके पाछैं 'पत' आता हो तो मान जाऊं।'' और उसी ने कहा, 'ज्यूकर सोनीपत'।

दूसरे ने तपाक से कह दिया, 'पानीपत'।

तीसरे ने कहा, 'बागपत'

अब चौथे के पास कोई शहर न बचा। मगर उसने और ऊंची आवाज़ में कहा, ''खरखौदा।''

सभी बोले, "ना भई ना, इस मैं 'पत' कित्त आया?"

जवाब मिला, "क्यूं? अपणा धनपत ओड़ै ब्याह राख्या सै।" और चौथे की बात सबको माननी पड़ी। तर्क की दाद देनी होगी।

★★★

मैं हे बावला था

यमुना पार यानि उत्तर प्रदेश के लोगों को हरियाणा में 'पारवा' कहा जाता है और यहां के लोगों की यह भी धारणा है कि 'पारवा' बहुत चालाक होते हैं। खासकर यू.पी. के जाटों के बारे में हरियाणा में एक कहावत भी है, 'यू.पी. का जाट और माटी का बाट, जै बर तौले घाट-ए-घाट"।

खैर हरियाणा का एक चौधरी यू.पी. गया। उसके मेज़बान ने उसे अच्छी दावत खिलाई और हुक्का आदि पिलाया।

अब यू.पी. के जाट ने हरियाणा के जाट से पूछना शुरू किया, "और चौधरी, इबकै के कुछ बोया-काटया।" हरियाणवी जाट बोला, "बस चौधरी याहे कोई डेढ़ सौ मण गेहूं, पचास मण चना अर कोई ढाई किल्ले ईख हो ग्या-राम जी की मौज सै।" दोनों कुछ देर चुप रहे। फिर हरियाणवी जाट ने पूछा, "चौधरी तूं तै बता, तन्नै के बोया काटया।" इस पर यू.पी. के जाट ने शेखी बघारनी शुरू की, "याही कोई एक हजार मन गेहूं, पांच सै मन चना और दो सै किल्ला गन्ना खड़ा है।"

बेचारा हरियाणवी अपना मन मसोस कर रह गया। मगर उससे बोले बिना नहीं रहा गया। उसने हुक्के की दो-चार घूंट मार कर कहा, "मैं हे बावला था चौधरी, जो पहल्या साची-साची बता गया, नहीं तो तन्नै कोई ताखड़ी-बाट ठाकै मेरे गेहूं-चणे तोलण मेरे गाम में थोड़ा ए जाणा था?"

★★★

माणसां की मान

कहते हैं उधार प्रेम की कैंची है और हरियाणा के भोले देहातियों को न शायद मांगना आता है, न देना। कोई भिखारी भी आटा मांगेगा तो यह कहते हुए, "घालै सै अक चालूं।"

एक बार एक किसान दूसरे किसान के पास बैल मांगने गया। उसे उत्तर मिला, "खाली खड़े सैं, पर तन्नै कोनी दयूं।" इस पर पास खड़े व्यक्ति ने कहा कि इस तरह जवाब देने की बजाय अगर वह कोई बहाना लगा देता तो बेहतर होता। इस पर मना करने वालो किसान बोला, "न्यूं बिना इस का भीतरला (मन) नहीं दूखै है।"

इसी प्रकार कोई किसी के यहां घोड़ा मांगने गया। घोड़े के मालिक ने जवाब दिया, "घोड़ा तो मांगया जा रहया सै।" इस पर मांगने वाला चलने लगा, मगर घोड़े ने, जो दीवार के पीछे बंधा हुआ था, अचानक छींक मारी और हिनहिनाया। मांगने वाले ने मालिक को कहा कि घोड़ा तो घर में ही है। इस पर घोड़े वाला बोला, "जै तू

माणसां की बात न मान कै डांगरा का बिसवास करै सै, तो तेरे बरगे तै घोड़ा देण का भी के फैदा।''

★★★

जी लिया मेरे शेर !

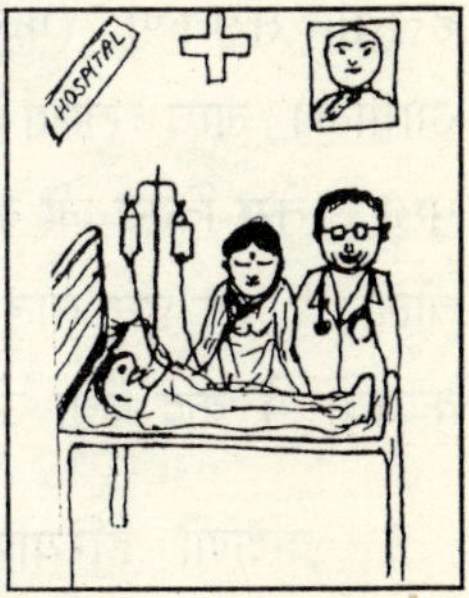

देहातियों का भी एक सब्र, विश्वास और संतोष का प्याला होता है। यह प्याला भर जाए तो उम्मीद छूट जाती है।

एक बार एक ग्रामीण बीमार हो गया। जब वैद्य-हकीमों से इलाज न हो सका तो उसे शहर के अस्पताल ले जाया गया। पर उसकी हालत नहीं सुधरी। उसकी पत्नी सबसे ज्यादा चिंतित थी। उसने डाक्टरों से कहा कि उसका मर्द बड़ा शेर दिल है, बस थोड़ा-सा ध्यान से इलाज करें तो ठीक हो सकता है, मगर जो डाक्टर ने बताया उससे बीमार की पत्नी की हिम्मत टूट गई।

डाक्टर ने कहा कि बीमार याददाश्त खो चुका है और किसी को नहीं पहचानता। घबराई हुई पत्नी तुरंत अपने पति के बिस्तर के पास गई और बोली, ''सुणै है।'' तूं मन्नै पिछाणै से अक नहीं। बीमार बोला, ''हां पिछाणू सूं।'' पत्नी प्रसन्न हुई और बोली, ''तो बता मैं कूण सूं।'' बीमार बोला, ''क्यूं ? तू मेरी मां सै!'' झल्ला कर पत्नी आंसू पौंछती हुई बोली, ''जै तेरी इसी हालत होली सै, फेर तो जी लिया मेरे शेर।''

★★★

बहादुरगढ़ का थानेदार

एक बार दो देहाती हरिद्वार गए। वहां कोई लंगर चल रहा था और बड़ी-बड़ी कड़ाहियों में हलवा पक रहा था। एक बोला, "देख रै, हलवा ससकण (फुस-फुस की आवाज़) लाघ रहया।" दूसरे ने पूछा, "तेरा किसा जी करै ?" पहला बोला, "जणु इन ताते-ताते (गर्म) कढ़ायां में कूद ज्या-ऊं!"

दक्षिणी हरियाणा में लोग मक्की और बाजरे की रोटी खाते हैं। इन इलाकों में क्योंकि गेहूं पैदा नहीं होता, इसलिए गेहूं की रोटी का स्वाद ठेठ ग्रामीणों के लिए लगभग विलासिता की वस्तु रहा है। इसी क्षेत्र का एक देहाती अपने दूसरे साथी को बता रहा था कि गेहूं की रोटी और आलू का साग बहुत स्वादिष्ट होता है। विस्मय से दूसरे ने पूछा कि क्या उसने गेहूं की रोटी और आलू के साग का स्वाद चखा है ? इस पर पहला बोला, "रै नहीं, मन्नै तो बहादुरगढ़ के थाणे मैं एक थाणेदार खातो देख्यो थो।"

क्या यह हरियाणा वालों की महानता नहीं कि वे दूसरों के सुख को कितना करीब से अनुभव कर सकते हैं !

★★★

मर्द

हरियाणा के मर्दों की 'शोहरत' जग जाहिर है। मर्द का एक मतलब इधर पति भी होता है।

किसी घर में आधी रात को एक चोर घुस आया। मियां-बीवी सो रहे थे। शोर सुन कर दोनों की आंख खुल गई, मगर वे दुबके रहे। चोर चुपके से आया और संदूक खोलने लगा। बीवी ने अपने घरवाले के कान में कहा, "सुणै सै, घर में चोर बड़ रहया सै।" घरवाले ने बात अनसुनी कर दी और पड़ा रहा। उसकी पत्नी ने उसे फिर कहा। मगर वह फुसफुसाया कि अकेला वह ही क्यूं चोर के साथ भिड़े। इस पर औरत ने कहा, "हाय! तू मर्द सै!"

पति बोला, "मर्द मैं तेरा ए तो सूं, चोर का तो नहीं।"

महिलाओं के लिए आरक्षित सीट पर एक मरियल देहाती बैठ गया। एक महिला आई और उसने उसे उठने के लिए कहा-यह बताते हुए कि वह सीट औरतों के लिए है। इस पर मरियल देहाती ने उसे पास बैठने के लिए इशारा करते हुए कहा, "बैठ ज्या, बैठ ज्या! घणा सा मर्द मैं भी नहीं सूं।"

★ ★ ★

कर देवैंगे हजूर

जहां थानेदार हमेशा 'गश्त' में, एस.डी.ओ. हमेशा 'साइट' पर और तहसीलदार हमेशा 'दौरे' पर होते हैं वही हरियाणा में किसी किस्म की बेगार कराने के लिए यही ओहदेदार होते हैं। ये वे लोग हैं, जिनका काम 'जी हजूरी' के बिना नहीं चलता।

एक बार एक एस.पी. साहब थानेदारों की मीटिंग में सबके काम पर छींटाकशी कर रहे थे। कभी किसी थानेदार को झिड़क रहे थे तो कभी किसी को। एक थानेदार ने सोचा कि साहब बहादुर से ज्यादा बहस करना ठीक नहीं, जो कहें, उसकी हां भरते चलो। एस.पी. साहब ने थानेदार पर बरसना शुरू किया और वह साथ के साथ जवाब देता गया।

"तुम्हारी शराब की फिगरज़ (आंकड़े) कम हैं, पूरे करो।"

"कर देवैंगे हजूर।"

"तुम्हारे जेब-कतरों की धर-पकड़ के केस कम हैं, पूरे करो।"

"कर देवैंगे हजूर।"

"चलो, यह भी ठीक है...... तुम्हारे कत्ल के केस भी कम हैं।"

"वे भी कर देवैंगे हजूर!" थानेदार बोला, एस.पी. सकपकाया।

ऐसे ही एक ज़िलाधीश किसी सरकारी आयोजन के लिए पटवारी मे इंतजामात के बारे पूछ रहे थे, "भई पटवारी जी, मंत्री जी

को ये २० सिलाई मशीनें विधवाओं को बांटनी हैं। क्या इतनी विधवाएं यहां होंगी।'' पटवारी बोला, ''कर देवैंगे हजूर।''

★★★

किस्सा कुर्सी का

जब देहाती डाक्टरों से अपने मर्ज के बारे में पूछते हैं तो डाक्टर उनके हिसाब से ही उन्हें समझाने की कोशिश करते हैं। पीलिया के लिए कहेंगे, ''तेरे खून का पानी बन गया।'' किसी का दिल घबरा रहा हो तो, ''तेरे अंदर पंखा चलता है।'' मलेरिया के लिए, ''तेरा खून खराब हो गया।'' कहना आम बात है।

एक बार एक देहाती जाड़ के दर्द से बहुत परेशान था। वह एक दंत चिकित्सक के पास गया और बोला कि उसकी जाड़ में कीड़ा है, डाक्टर, उसे निकाल दे।

डाक्टर ने गलती से वह जाड़ तो नहीं निकाली बल्कि बराबर वाली जाड़ निकाल दी। मरीज़ का दर्द नहीं गया। उसने फिर डाक्टर से शिकायत की कि जिस जाड़ को कीड़ा खाता था, वह जाड़ तो वैसी ही है। इस पर दंत चिकित्सक ने देहाती को समझाया, ''बाबा तुम्हें नहीं पता, कीड़ा बराबर वाली जाड़ पर बैठ कर ही दर्द वाली जाड़ को खाया करता था।'' तब मरीज़ ने भी कह दिया, ''ठीक करया डाक्टर जी, सुसरे कीड़े की बैठण ही सीट पहल्यां खोणी चाहिए-कुर्सी का ए तो राड़ा (झगड़ा) सै।''

★★★

अपने अपने दाव

कुश्ती में जीतने के लिए दांव लगाने की ज़रूरत होती है। पहलवान चाहे कमज़ोर हो, मगर अच्छे दांव जानता हो तो अपने प्रतिद्वंद्वी को हरा सकता है।

एक बार एक जाट पहलवान ने अखाड़े में लंगोट घुमाया और सारे गांव की छुट्टी कर दी तो एक बनिए को जोश आ गया। उसने पहलवान को ललकारा और कहा कि वह उसे कुश्ती में ढाह (हरा) देगा।

पहलवान हंसने लगा। लोगों ने पहलवान की खिल्ली उड़ाई और कहा, ''भिड़ भाई भिड़।'' जाट ने सोचा कि कहीं गांव वाले यह न समझें कि वह डर गया है, उसने बनिए से भिड़ना मंजूर कर लिया।

कुश्ती शुरू होने से पहले बनिए 'पहलवान' ने जाट पहलवान के कान में कहा, ''ऐड देख पहिलमान, जै तू जाण कै हार ज्या तो मैं तन्नै दो सेर घी दयूंगा। तू घी खा कै किस्से तगड़े पहिलमान नै ढाईए, मन्नै मरे-मराए नै ढाह कै तन्नै के मिलेगा?''

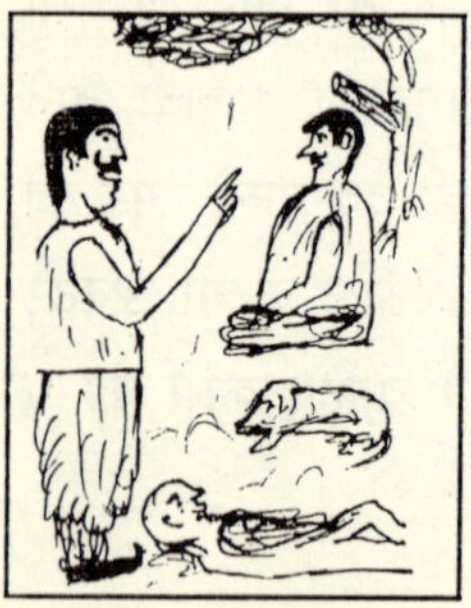

बात जाट को जंच गई। कुश्ती शुरू हुई और बनिए ने जाट को दबा दिया। लोगों ने ताली पीट दी। बनिए 'पहलवान' को लोगों ने कंधों पर उठा लिया।

बाद में जाट उस बनिए को मिला और कहा कि घी दे दो। बनिए ने विस्मय से पूछा, ''कूण सा घी''। जाट ने कहा, जिसका उसने वायदा किया था। बनिया बोला, ''पहिलमान, ओ तो मेरा तन्नै ढाहण का दा (दाव) था।''

★★★

गाम छोड़ ज्यांगा

सरदार भगतसिंह मानते थे कि ''बहरों को सुनाने के लिए ऊंचा बोलना पड़ता है'' और अपनी बात अंग्रेज़ों के कानों तक पहुंचाने के लिए उन्होंने असेंबली में बम फेंका था।

एक देहाती को बड़ी मुसीबत का सामना करना पड़ा, जब वह एक नई भैंस खरीद लाया। जो भी उससे मिलता, पूछता कि भैंस कितने की ली है। बेचारा हर एक को बता-बता कर परेशान हो गया और एक दिन उसने गांव के कुएं में छलांग लगा दी।

उसे कुएं में कूदते हुए गांव वालों ने देख उसे निकालने के प्रयत्न शुरू कर दिए। सैंकड़ों लोग इकट्ठा हो गए। कुएं के पानी में डुबकियां लेते हुए मोलड़ को किनारे खड़े लोगों ने लटकाया हुआ रस्सा पकड़ कर बाहर आ जाने को कहा। मगर मोलड़ नहीं माना। उसने कहा पहले सारा गांव इकट्ठा कर लो।

जब काफी लोग और जमा हो गए तो कुएं के अंदर से मोलड़ ने आवाज़ लगाई, ''भाइयो मन्नै म्हाश (भैंस) तीन हज़ार की ली सै।

ईब तै आगै किसे ने पूछया तो मैं यो गाम छोड़ ज्यांगा।''

★★★

चढ़ाई क्यूं थी ?

हरियाणा में दूध दुहने को 'धार काढ़णा' कहते हैं। धार लेने का मतलब होता है सीधे थन से दूध (की धार) पीना। यह क्रिया क्योंकि आनन्ददायक होती है, इसलिए किसी निरर्थक बात के लिए कह देते हैं, ''औड़े जा कै के धार लेगा।'' धार लेने का एक और अर्थ मज़ा चखाना भी होता है।

एक जाट एक मंदिर के पास से गुज़र रहा था। उसने देखा बहुत सारे लोंग थालियों में फूल, हाथों में पानी के लोटे, धूपबत्ती वगैरह लिए मंदिर की ओर जा रहे थे। कोई कुछ बोल रहा था तो कोई कुछ। घंटियां बजनी शुरू हो गई। चारों तरफ मेले का-सा माहौल बन रहा था।

जाट वहां कुछ देर के लिए रुक गया और सारा नज़ारा देखता रहा। आखिर उसने मंदिर जाने वाले लोगों में से एक को रोक कर पूछा, ''आं-रै, यू के, खाड़ा (अखाड़ा) कर राख्या सै ?'' वह आदमी बोला, ''सिवाले (शिवालय) मैं जां सैं, आरती उतारण लाघ रे सैं।''

इस पर जाट बोला, ''औ तै ठीक सै फेर आरती उतारणी-ए थी तो चढ़ाई के धार काढण नै थी।''

★★★

जै गां उखड़गी ?

हरियाणा में भाभियों को अपने देवरों की शादियों में नाचने-गाने में कुछ अजीब से आनंद की अनुभूति होती है। मगर देवर-भाभी का हंसी-ठट्ठा और नोक-झोंक भी काफी दिलचस्प होती है।

एक बार एक देवर की शादी हो रही थी। उसने राह चलती अपनी भाभी को न्योता दिया कि वह शाम के वक्त उसके घर गीत गाने के लिए आए। इस पर भाभी ने नख़रे से कहा, "ना ओ देवर, मेरी तो आंगली (उंगली) दूखै सै।" देवर ने कहा, "आंगली का गीत तै के वास्ता?" इस पर भाभी ने कहा, "हाय, गीत गाती हाणा मुंह पै हाथ नहीं धरणा पड़ैगा के?" देवर ने बात दरगुज़र कर दी।

शाम को उसी भाभी ने इसी देवर से कहा, "ओ देवर गां (गाय) की धार तो काढ़ दिए।" इसका मतलब दूध दुहना होता है। देवर ने कहा, "ना री भाभी, मेरा तो मुंह दूखै सै।"

"हाय, धार तो हाथ सै काढ़या करैं सैं मुंह का के काम?" भाभी ने सवाल किया। इस पर देवर बोला, "री भाभी, जब तेरै की तरियां गां उखड़गी, तै पुच-पुच करकै मुंह-पुचकारी भी तो देणी पड़ैगी।"

★★★

मूंछ और ब्रेक

हरियाणवी लोग किस चीज का किससे मुकाबला कर दें, इसका अंदाज़ा नहीं लगाया जा सकता। किसी का चेहरा-मोहरा अच्छा हो तो उसे, ''बटुए से मुंह आला या आली'' कह देते हैं। किसी की बांहे खूबसूरत हों तो उसे ''घिया जिसी बांह'' कह देते हैं। एक बार अपनी खिचड़ी दाढ़ी पर किसी को यह सुनने को मिला, ''या डाढ़ी तो इसी हो रही सै जणूं कुत्ते नै चाक्की चाट राखी हो।''

हमारे समाज में मूंछों को रखना मर्दानगी की निशानी समझा जाता है। एक बार एक मुच्छल साईकिल पर पर जा रहा था। रास्ते में एक युवती कुएं से पानी लेकर सामने से आ रही थी। अनजाने में साईकिल सवार युवती से टकरा गया। उसकी दोघड़ (मटकी) गिर गई। इस पर साईकिल सवार पर वह टूट पड़ी, ''बेसरम, देसां के ऊत, तेरे तै डटया (ठहरा) नहीं गया, तू मूच्छयां आले।'' देसां का ऊत बोला, ''क्यूं री, इन मूच्छयां मैं के ब्रेक लाग री सैं।''

★★★

धरती नहीं घूमती

हरियाणा में ज्यादा पढ़े-लिखे व्यक्ति को बढ़-पीपल पढ़ा हुआ कहते हैं। डा. सरूप सिंह, जो दिल्ली विश्वविद्यालय के उप कुलपति रह चुके हैं, जब हरियाणा के एक गांव में चुनाव के समय वोट मांगने गए

तो लोगों ने उनसे पूछा, तन्नै डाक्टर क्यूं कहवै सैं? तू माणसां का डाक्टर सै अक डांगरा का? इस पर डा. सरूप सिंह ने कहा था, ''मैं किताबां का डाक्टर सूं।''

जब एक विज्ञान पढ़ा हुआ, फटीचर सा दीखने वाला चश्मू एक गांव में गया तो लोगों ने उसके खस्ता 'डीलडौल' – 'डिकड़े (तिनके) मैं जान तो इसमैं जान,' का मज़ाक उड़ाया। तब उस 'वैज्ञानिक' ने लोगों को प्रभावित करने के इरादे से यह सोचा कि कोई ऐसी बात बताऊं, जिससे लोग आश्चर्य में पड़ जाएं और उसकी कुछ इज्जत रह जाए। उसने कहना शुरू किया, ''देखो भाइयो, जिस धरती पर तुम रहते हो, वह घूमती है।''

उसका इतना ही कहना था कि सहसा बात काटकर हुक्का पीते हुए एक बूढ़े ने कहा, ''भाई धरती नहीं घूमती, तू घी-दूध खाया-पीया कर, तन्नै कमजोरी मैं चक्कर आवै सैं मेरा बच्चा!''

★★★

जवान नहीं तै जरनैल सही

हर समाज की तरह हरियाणवी लोगों को भी अपनी संतान के डीलडौल पर गर्व महसूस होता है। अगर कोई संतान के डीलडौल पर टीका कर दे तो वे उसी वक्त नाराज़गी भी ज़ाहिर करना नहीं भूलते।

तो एक गांव में फौज की भर्ती चल रही थी। भर्ती करने वाले अफसर लाइन में खड़े नौजवान छोकरों पर छींटाकशी करते थे,

''तुम्हारी छाती चूज़े जैसी है..... तुम्हारा कद तो बौने का है...... देखो, तुम्हारे पेट से आसमान दिखाई देता है।''

गांव के छोकरों पर यह छींटाकशी पास से गुज़र रहे बुजुर्ग पूणे को नागवार गुज़री। वह भर्ती करने वाले फौजी अफसर के सामने जाकर तनकर खड़ा हो गया। कुर्ते का बटन खोलकर अपनी खिचड़ी बालों वाली छाती फुलाकर कहने लगा, ''जै म्हारे छोरयां मैं नुक्स काढ़ै सै, तै आ जा मन्नै भर्ती कर ले। मेरी छाती अर कद तेरे तै भी फालतू सैं।''

अफसर एक दम हक्का-बक्का रह गया। फिर झल्ला कर कहा-''जाओ बाबा, तुम जाओ, हम यहां फौज में जवान भर्ती करने आए हैं।''

पूर्ण तपाक से बोला-''जै या बात सै तै मन्नै जरनैल (जनरल) भर्ती कर ले।''

★★★

डर के मारे

चोर-सिपाही का खेल भी निराला है और वार्तालाप भी कुछ कम मज़ेदार नहीं।

एक सिपाही चोर का पीछा कर रहा था। गली दर गली, छत दर छत, दोनों जैसे लुक्का-छिपी खेल रहे थे। चोर अचानक खेतों की तरफ हो लिया। सिपाही पीछे दौड़ रहा था। चोर उस खेत में जा छुपा, जिसमें बैंगन लगे थे। सिपाही ने उसे देख लिया। दबे पांव उसके पास जाकर सिपाही गरजा, ''पकड़ा गया।'' चोर बोला-''जी मैं तो बैंगण

सूं।'' सिपाही सकपकाया, ''इतना बड्डा (बड़ा)।'' चोर बोला, ''जी बीज खात्तर राख (बचा) राख्या सूं।''

इसी प्रकार एक थानेदार चोर का पीछा कर रहा था। चोर भाग कर एक घर में घुसा और उसने औरतों वाली ओढ़नी ओढ़ ली। थानेदार ने समझा कोई औरत बैठी है। मगर अनाड़ी चोर की बड़ी-बड़ी मूंछे घूंघट से बाहर दीख पड़ीं। थानेदार बोला, ''कदे लुगाइयां कै भी मूछ होया करैं सैं?'' चोर बोला, ''जी डर-डर मैं जाम (उग) आई।''

★★★

छूटतैं-ऐ

अमूमन जाट को बलशाली मगर भोला और बनिए को कमज़ोर मगर स्याना समझा जाता है।

एक जाट और बनिए की लड़ाई हो गयी। बनिया आमतौर पर घूंसों लातों की लड़ाई की बजाय बातों की लड़ाई करना ज्यादा पसंद करता है। मगर यहां बनिए को कुछ ज्यादा ही जोश आ गया और वह जाट से पंगा ले बैठा। यही नहीं उसने जाट को गिरा लिया और तनकर छाती पर बैठ गया। इसके बाद उसने रोना शुरू कर दिया।

इतनी देर में अच्छी-खासी भीड़ जमा हो गई थी। लोग-बाग बड़े हैरान थे कि बनिए ने जाट को ढाह (गिरा) लिया है, मगर वह रो क्यों रहा है, किसी को समझ में नहीं आया। एक-दो ने बीचबचाव कराने की कोशिश में दूर से ही दोनों को समझाना शुरू कर दिया। मगर बनिया रोता ही रहा। आखिर किसी ने कहा, ''रै एक तो तन्नै जाट

गेर राख्या अर ऊपर तै रोवै क्यूं सै ?'' बनिया बोला, ''ऐड, यूं जाट मन्नै छूटतै ए मारैगा।''

★★★

कमाया होगा

आमतौर पर ग्राहक यह मानता है कि दुकानदारों ने चाहे कितना भी सस्ता क्यों न बेचा हो, उसने कुछ न कुछ तो ज़रूर कमाया होगा।

एक देहाती पंसारी के पास गुड़ लेने गया। भले वक्त की बात है, गुड़ अठन्नी सेर होता था। देहाती ने फिर भी गुड़ का भाव पूछा तो दुकानदार ने कहा, ''चौधरी अठन्नी सेर।'' ले तै फिर एक सेर गुड़ तोल दे सेठ'' और उसने अठन्नी दुकानदार की तरफ फेंक दी।

चौधरी की किस्मत अच्छी थी। अठन्नी गुड़ के साथ चिपक कर वापिस आ गई। अपने घर आकर वह अपनी पत्नी से बोला, ''मरे बटे पंसारी नै इस मैं भी कुछ न कुछ कमाया होगा।''

ऐसे ही एक कंजूस ने बीड़ी सुलगाने के लिए किसी से माचिस मांगी। जवाब मिला, ''माचस तै कोनी।'' कंजूस ने दूसरे से, फिर तीसरे से पूछा और जवाब वही मिला, ''माचस तै कोनी।'' हार कर कंजूस ने कुर्ते की जेब में हाथ डालते हुए कहा, ''इब तो अपणी-ऐ (माचस) काढ़णी (निकालनी) पड़ैगी।''

★★★

रै बैठ ज्यो

हरियाणवी में ढोंग करने को फंड भरना या सांग भरना भी कहते हैं। वैसे भी सांग (स्वांग) का प्रचलन इस प्रदेश में खूब रहा है और लोग सांग देखने में पूरा आनंद लेते हैं। मगर कुछ ऐसे भी हैं, जिन्हें किसी और ही बात में स्वाद आता है।

एक जगह सांग हो रहा था। चारों तरफ अच्छी-खासी भीड़ जमा थी। जब कोई रागनी-नाच होता तो लोग और भी मज़ा लेते। कोई कह रहा था, 'छोरे रै', कोई कह रहा था, 'भाई रै' और इसी तरह का माहौल गर्म था।

मगर एक देहाती था, जिसे स्वाद नहीं आ रहा था। वह चुपचाप बैठा था। उसके बराबर में बैठे एक और देहाती ने उससे चुप्पी का कारण पूछा तो उसने बताया कि उसे सांग देखने में 'ऐसे' मज़ा नहीं आता तो दूसरा देहाती बोला, ''तो तन्नै क्यूकर (कैसे) मज़ा आवै सै।''

इस पर वह बोला, ''रै भाई मन्नै तो न्यू सुआद आवै सै अक ठीक-ठाक सांग चालदा हो-अर लट्ठ बाज ज्या, लालटण फूट ज्या-ढोल आले के ढोल मैं कोई पां (पांव) मार कै फोड़ दे-सांगी भाजे-भाजे फिरैं-अर फेर मैं सारयां (सबको) नै कहूं - रै बैठ ज्यो, रै बैठ ज्यो, रै बैठ ज्यो।''

★★★

कल्पना

भोले ग्रामीण जब कोई 'आश्चर्य' देखते हैं तो कहते हैं, "रै यू क्युकर होया (ये कैसे हुआ)" और 'कुतुब की लाट' (कुतुबमीनार) भी किसी आश्चर्य से कम तो नहीं।

दो देहाती कुतुब मीनार देखने गए। एक बोला, 'रै यू क्यूकर बणाया होगा?' दूसरा बोला, 'भाई मेरी समझ मैं तो आवै नहीं, चाल (चल) इसका जुगराफिया देखैं।'

दोनों ने अटकलें लगानी शुरू कर दी। एक ऊपर चढ़ गया और दूसरा नीचे खड़ा ऊंची-ऊंची आवाजें लगाता रहा और ऊपर वाले को अपनी कल्पना सुनाने की कोशिश करता रहा। मगर इतनी ऊंचाई पर कुछ सुनाई नहीं दिया।

अब नीचे वाला ऊपर गया और ऊपर वाला नीचे आया। वह भी अपनी कल्पना के मुताबिक कुछ अंदाज़ा लगा कर चिल्लाता रहा, मगर फिर ऊपर वाले को कुछ नहीं सुना।

एक तीसरा देहाती इन दोनों के करतब देख रहा था। उसने दोनों को पास बुलाया और पूछा, "रै किस जिंजाल में फंस रे सो?" दोनों ने बताया कि वे यह जानने की कोशिश कर रहे हैं कि कुतुब मिनार कैसे बनाया होगा। इस पर तीसरे देहाती ने समझाया, "रे अरड्डुओ, पहल्यां (पहले) हाड़ै (यहां) एक कुआं खोदया था, अर फेर ओ (वह) उल्टा कर दिया।" बस सारी बात दोनों की समझ में आ गई।

★★★

मोडरन

गांव में युवतियां अपनी शादी के बाद ही घूँघट निकालती हैं और वह भी अपने पीहर में नहीं।

एक लड़की अपनी शादी के बाद ससुराल गई। जैसा आजकल देहात में भी होने लगा है। ससुराल वाले यह देखते हैं कि उनकी बहू कितनी 'मोडरन' है, इस लड़की की परीक्षा ली गई।

वर-वधू को घर वालों ने सिनेमा देखने शहर भेज दिया। जब फिल्म शुरू हुई तो भोली-भाली लड़की ने पर्दे पर देखा कि बड़े-बुजुर्ग लोग आ गए हैं, उसने झट अपना घूंघट निकाल लिया। अब 'मोडरन' वर को यह अच्छा नहीं लगा और गांव वापस आकर उसने अपने साले को बुलवा भेजा।

जब बहू का भाई अपने जीजा जी से मुखातिब हुआ तो जीजा ने कहा, ''रै थारी बाहण तो जमा-ए (कतई) देसी पीस सै। इसनैं तो शहर में ओहला (घूंघट) काढ़ कै मेरी बेजती करा दी।''

इस पर भाई बोला, ''ओ जीजा! यू खोट तो इस कोढण कै थारे घरां आयां पाछै ए लाग्या सै, म्हारे घरां तो या कदे ओल्दा कोनी काढया करै थी।'' ज़ाहिर है घूघंट तो बहू ससुराल में ही करती है मगर भोला भाई तो भोला ही रहा।

★★★

हलवाई

पुराने समय में तो ऐसा होता था कि शादी के बाद पति और पत्नी चोरी-छुपे ही एक दूसरे से मिलते थे। पर आजकल स्थिति विपरीत होती जा रही है। नव-दम्पति शादी होते ही अलग 'चौबारे' की मांग करते हैं।

ऐसे ही एक लड़के की नई-नई शादी हुई। लड़का-बहू चौबारे में रह रहे थे। एक दिन लड़के का बाप नीचे भैंस-डंगरों का घास-फूस कर रहा था। दिन चढ़ गया था, पर लड़का चौबारे में अपनी पत्नी के साथ बातें कर रहा था।

अचानक लड़के के बाप ने बेटे की आवाज़ सुनी। वह अपनी पत्नी से पूछ रहा था, तन्नै इमरती खुआ दयूं? तूं बालू-शाही खावैगी? तू लाड्डू खावैगी? तू जलेबी खावैगी? इस पर बाप नै अपनी बंदिशों का ज़माना याद आ गया और वह झल्लाकर लड़के पर चीखा, ''रै या कढ़ाई उतार ले, ओ हलवाई, अर खेतां मैं चाल..........!''

★★★

सपैलिंग गलत थी?

कभी-कभार उतरती उम्र में व्यक्ति अपना मुकाबला किशारों से कर बैठता है। नतीजा यह कि छोटी-छोटी बात उसे चुभ जाती है और उसका मन कुंठित हो उठता है।

एक बस में एक थोड़ा पढ़ा-लिखा बूढ़ा देहाती अपनी लाठी और सामान की गठरी लेकर काफी चौड़ा हुआ बैठा था। आने-जाने

के रास्ते में उसकी टांगें अड़ी हुई थीं। आने-जाने वाले यात्रियों को काफी परेशानी हो रही थी।

एक आधुनिका बस में चढ़ी और बूढ़े की टांगों से टकरा कर गिरते-गिरते बची। बूढ़े ने सोचा कि ये शहरी लोग 'सौरी' कहने से बात आई-गई मान लेते हैं। उसने युवती को 'सौरी' कह दिया। फिर भी युवती ने अंग्रेज़ी में बूढ़े को भला-बुरा कहा। बूढ़ा चुप हो गया।

थोड़ा आगे चलकर युवती एक नवयुवक से टकरा गई। उसने जब उसे 'सौरी' कहा तो युवती भाव-विभोर सी बोली, "कोई बात नहीं, कोई बात नहीं!" पास बैठे बूढ़े से रहा नहीं गया, बोला, "क्यूं ए छोरी, मेरी 'सौरी' की के सपैलिंग गलत थी?"

★★★

खूंटी

हरियाणवी खुद पर हंसने की क्षमता रखते हैं। अपना मज़ाक खुद उड़ा लेना या अपने पर स्वयं कोई फब्ती कसना या उलटा नाम दे देना हरियाणवियों की खास बात है।

एक महिला अपने बच्चों के पूरे लश्कर के साथ बस का इंतज़ार कर रही थी। उसके साथ छह अदद बच्चे, तीन गठरियां, एक छोटा संदूक, दो थैले और एक फलियों (केलों) का पुस्तड़ा (लिफाफा) था।

बस आई और महिला ने बच्चों समेत अपना सारा सामान बस में सवार एक ग्रामीण को पकड़ाना शुरू कर दिया। उस व्यक्ति ने पहले तो महिला को छहों बच्चों को एक-एक करके बस में खींचा। संदूक पकड़ा, गठरी पकड़ी और सारे सामान के लिए जगह बनाई। इतनी देर

में महिला ने दो थैले आगे कर दिए। इसी बीच किसी ने उस व्यक्ति से पूछा कि उसका नाम क्या है। इस पर वह बोला, "देखण नहीं लाघ रहया, मेरे पै बालक टंग रे, गठरी टंग री, झोले (थैले) टंग रे..... मैं खूंटी सूं, खूंटी !"

★★★

चुपड़ी रोटी

एक गांव में एक कंजूस रहता था। कंजूसी की इंतहा यह कि अपने बच्चों को खाने के नाम पर कुछ न देता। बच्चों को लोगों से बस यह सुनने को मिलता, "रै कुछ खा-पी लिया करो, थारे पेट मैं को आसमान दीखण लाघ रहया।"

बच्चों ने एक दिन हिम्मत जुटाई और अपने कंजूस बाप को खाने-पीने संबंधी कुछ रियायतें मनवाने के लिए अरज-मारूज की, मगर कंजूस नहीं माना। मगर जब किसी ने यह कहा कि, "इन मरियल छोरयां कै कोई रोग लाग गया, अर ये सारी उमर खात्तर नकारा होंगे तै बीमारी पै पीसे नहीं खरचैगा के ?" बात कंजूस को कुछ जंची। और उसने एक किलो देसी घी खरीदने की इजाज़त दे दी।

मगर हिदायत दी कि घी खाना नहीं है, बस रोटी ली और घी की पीपी के बाहर से रगड़ कर "चुपड़ी" और खा ली। कुछ दिन ऐसे ही चला और एक दिन कंजूस घी की पीपी को अलमारी में रख कर कहीं बाहर चला गया।

खाने के वक्त कंजूस के बच्चों ने अलमारी से रोटी रगड़ कर "चुपड़" ली और खा ली। कंजूस जब वापस आया तो उसे अपनी

भूल का एहसास हुआ। दुखी मन से उसने बच्चों को बुला कर पूछा जिन्होंने बताया कि उन्होंने अलमारी से "चुपड़" कर रोटी खा ली। इस पर कंजूस बोला, "अच्छै भूखड़ा का कुणबा सै, रै तम एक दिन भी सूखी रोटी नहीं खा सके?"

★★★

पल्टू हल से

देहाती नामों का अपना ही मज़ा है। कई बार किसी चीज़ को कोई नाम देने से पहले देखा जाता है कि नाम लेने में कोई असुविधा तो नहीं। कई बार मंगलवार को पैदा हुए बच्चे को मंगलसिंह और कई लड़कों के बाद हुई लड़की को मसां-पाई (मुश्किल से मिली) कह देते हैं।

जहां शहरों में किसी प्यारी सी गुड़िया बेटी का नाम मुन्नी रख देते हैं, वहां देहात में इसका अर्थ हल की हत्थी भी होता है।

एक बार एक देहाती अपने लड़के के लिए लड़की देखने गया। लड़की का नाम मुन्नी था और वह कुछ ज़रूरत से ज्यादा मोटी थी। लड़की को देहाती के लड़के ने भी चोरी-छिपे देख रखा था। उसके बाप को भी इस बात का पता था।

घर लौटकर देहाती अपने लड़के से बोला कि क्या उसे थोड़ी-सी भारी छोरी पसंद है? लड़का अनजान बनते हुए बोला, "कौण सी छोरी?" इस पर बाप बोला, "रै वा मुन्नी।" लड़का बोला, "बापू वा कोई मुन्नी थोड़ा-ए सै, वा तो पल्टू हल सै।" पल्टू हल काफी भारी होता है।

★★★

बंगले का डरावा

देहात में जहां कभी बड़े-बड़े जमींदारों की एक ओर हवेली होती थी, वहां आम ग्रामीण घर के नाम पर बस सिर पर एक छत से संतोष कर लेते थे। ज्यादा से ज्यादा कोठरी, दहलीज़, नहीं तो झोपड़ी भी चलेगी। खुले आसमान के नीचे सोना-रहना ग्रामीण आज भी समझते हैं और फिर मकान बनाने पर पैसा खर्चा जाए तो ज़मीन बिक जाए।

एक देहाती शहर गया। उसने देखा एक मकान बहुत खूबसूरत बना हुआ था। चारों तरफ अच्छी चारदीवारी, सुंदर-मज़बूत दरवाजे-खिड़कियां, रंग-बिरंगी दीवारें, अच्छी घुमावदार मुंडेर और छत पर अच्छी बरसाती।

देहाती को यह मकान बहुत भाया। मगर उसे एक चीज़ सबसे ज्यादा अखर रही थी। मकान के सामने वाली दीवार पर एक मुखौटा लगा था, जिसका रंग काला था और जीभ व आंखें निकली हुई थीं। शहर में मकान बनाने वाले बुरी नज़र से बचाव के लिए अमूमन ऐसी कृति जिसे डरावा कहते हैं, मकान पर लगवा लेते हैं। मगर देहाती उस

मकान में घुस गया। उसने घरवालों से पूछा, ''अरै एक बात तो बताओ, इतना मंहगा घर बणा के न्यूं आंख अर जीभ कढवाणी घणी ज़रूरी थी?''

★★★

अचार के साथ

सावन के महीने में सीधा-कोथली (भेंट) पहुचाने का काम कई बार गांव के नाई को सौंपा जाता है। ऐसे में नाई की खूब बन आती है, क्योंकि वह जिस जगह जाता है, वहीं खाने-पीने की खूब मौज रहती है। दूध की मौज, घेवर की मौज।

एक बार एक नाई जब गांव में कोथली देने गया तो उस घर की हालत कुछ पतली थी। घर की बहू ने अपनी पीहर से आए नाई को अचार के साथ रोटी दे दी। नाई का मिजान (मिजाज) बिगड़ गया और उसने टूक गटकना शुरू किया। उधर बहू ने पीहर से संबंधित प्रश्नों की झड़ी लगा दी। ''निर्मला कै बालक होदूं (पैदा) था, के होया? फसल-बाड़ी किसी सै? गां-भैंस दूध देवैं सैं अक नाट रही सैं? दादी का दमा किसा सै? बाबू मुकदमा जीत गया अक हार गया?''

थोड़ी देर में बहू ने शिकायत ही, ''चाचा, तू तै कुछ बताता ए नहीं?'' तो नाई बोला, ''ए छोरी, अचार गैल (साथ) रोटी खुआवैगी तो हां-हूं कर दयूं, या थोड़ी सै के?''

★★★

बावली बहन

एक बार एक भाई सावन में अपनी बहन के ससुराल उसकी कोथली लेकर गया। आमतौर पर जब कोथली जाती है तो ससुराल वाले बहु के भाई को थोड़ी अच्छी आवभगत करते हैं। पर सास तो फिर भी सास होती है, जब तक बहू की कोई शिकायत न करे, उसे चैन कहां पड़ता है।

बहू का भाई, बहन की सास से बोला, ''क्यूं री मौसी, मेरी बेबे तेरी सेवा ठीक-ठाक भी करयां जा सै अक नहीं।'' सास बोली, ''सेवा-सूवा तो बाज रही सै बेटा, फेर तेरी बेबे तो दूध-घी की घणी लाड़ी (शौकीन) सै।'' बस सास ने गिनवाना शुरू कर दिया, ''ना तै दही छोड़ती, ना न्योणी (मक्खन) छोड़ती, घी खाज्या सै, खीर बणां ले सै, और तै और लाहसी (लस्सी) भी नहीं छोड़ती।''

इस पर भाई पास ही खड़ी अपनी बहन को सुनाकर बोला, ''मेरी बाहण तो बावली सै री मौसी। घी, मक्खन, दही, खीर का फजूल मैं नाम करवावै, इस तै घर का घणा सारा दूधै न पीले। एक चीज़ ए का तो नाम होगा।''

★★★

रलम-फलम

यदि किसी की पोल खुल जाए तो हरियाणवी में उसका 'पिछण-जाणा' कहते हैं और यदि किसी को पहचानने में कोई धोखा हो जाए तो उसको 'अदल-पिछाण' कह देते हैं।

और शहरी लोग लाल, पीले, नीले, हरे रंगों के चटकीले यानी ऐन देहाती रंगों की संज्ञा भी दे देते हैं। एक बार एक देहाती ने शौक-शौक में गाढ़ा नीला कुर्ता-पायजामा सिलवा लिया। किसी कार्यवश उसे शहर जाना पड़ा। उसे रेल से जाना था। जब वह करसिन्धू रेलवे स्टेशन पर गाड़ी से उतरा तो उसका गाढ़ा नीला परिधान देखकर कुछ देहाती अपनी टिकट उसे पकड़ा गए। इस पर वह बहुत खुश हुआ।

गांव लौटकर उसने डींग हांकनी शुरू की। ''रै ओ रेल का बाबू लीले कपड़यां मैं इसा अगल-पिछाण हो रहा था, अक आधे लोग मन्नै टिकस (टिकट) पकड़ा-गे, अर आधे बाबू नै। मैं अर बाबू रलम-फलम (मिश्रित)।''

★★★

बेरा तो मन्नै भी था

एक बार एक बनिया अपनी घरवाली के साथ कहीं जा रहा था। दोनों ऊंट पर सवार थे। ढुचक-ढुचक करता ऊंट पगडंडी पर चलता जा रहा था। अचानक गांव वाले को अपनी 'ऊंचाई' का भान हो आया।

वह अपनी घरवाली को कहने लगा, "ऐड, म्हारा सन्दूख कित सै?" पत्नी बोली, "यू रहया।" वह फिर बोला, "अर पीशां (पैसों) की कोथली कित सैं?" पत्नी बोली, "वा भी या रही।" उसने आगे पूछा, "ऐड अर तूं कित (कहां) सै?" पत्नी बोली, "मैं भी हाड़े ए सूं।" वह बोला, "बेरा (पता) तो मन्नै भी था, फेर अपणे समान की रुखाल (हिफाज़त) रखणी चइये अक नी?"

★★★

देसां का ऊत

हरियाणा में यदि किसी को 'आप' कह कर संबोधन किया जाए तो समझा जाता है कि शायद कुछ ज़रूरत से ज्यादा इज्जत बख्शी जा रही है।

एक डाक्टर एक ग्रामीण महिला से उसका मर्ज पूछ रहा था। वह बोला, "आपका नाम क्या है।" जवाब मिला, "आपके सिर में दर्द रहवै सै।" भौचक्का डाक्टर बोला, "आप को क्या पता?" महिला बोली, "अच्छा इब अपणी-अपणी ए गायां जावेगा अक आप की बीमारी भी पूछैगा?"

इसी तरह एक शहरी बाबू ने एक सीधे-साधे ग्रामीण को उसकी

गलती पर अंग्रेज़ी में फटकारते हुए कहा, ''यू रास्कल।'' ग्रामीण कुछ समझा नहीं। उसने पास खड़े एक पढ़े-लिखे हरियाणवी से 'यू रास्कल' का मतलब पूछा तो उसने बताया 'देसां का ऊत'। इस पर ग्रामीण बोला, ''यूं तो आजे बेरा लाग्या अक म्हारी भी अंग्रेज़ी हो सै।''

★★★

'पावर' अपनी-अपनी

हरियाणा का 'पावर-गेम' पूरे भारत में राजनीति को 'प्रभावित' करता रहा है। इसमें कोई शक नहीं और हरियाणवियों को तब तक मज़ा भी नहीं आता, जब तक वे अपनी ताकत का प्रदर्शन करके दूसरों को प्रभावित न कर सकें। इसमें चाहे उनकी फजीहत ही क्यों न हो।

रिसाले की उतरती उम्र तक शादी नहीं हुई। आखिरकार रामजी उस पर मेहरबान हो गए। एक देहाती ने जब यह देखा कि रिसाला रेल के महकमें में गेटमैन (फाटक वाला) है तो उसे अपनी बेटी ब्याह दी।

अब रिसाले को अपनी पत्नी को प्रभावित करना था। इसके लिए उसने अचानक रेल फाटक बंद कर दिया। हालांकि रेल आने का कोई टाइम नहीं था। फाटक के दोनों ओर मोटर-गाड़ियों की कतारें लग गई। अब रिसाला अपनी पत्नी के पास आकर डींग हांकने लगा, ''देखी मेरी पावर, चै जिसनै रोक दयूं।''

तभी मोटर गाड़ियों से उतरे लोगों ने पूछा कि कौन सी रेल आ रही है? इस पर रिसाला कोई संतोषजनक जवाब नहीं दे पाया तो

लोगों ने उसे पीट डाला। सहमी हुई रिसाले की पत्नी बोली, ''अर यू के हुया?'' रिसाला बोला, ''वा (वह) मेरी पावर थी, या (यह) लोगां की पावर सै।''

★★★

मेरा क्या कसूर?

अमूमन किसी से कोई शिकवा या शिकायत की जाए तो उम्मीद यह की जाती है कि वह दो-शब्द हमदर्दी के सांत्वना भरे सुनेगा। यदि किसी को प्रत्यक्ष रूप से दोषी ठहराया जा रहा हो तो अमूमन यही जवाब होता है कि मेरा क्या कसूर?

एक देहाती जंगल से होकर आ रहा था। उसकी एक टांग से खून बह रहा था और वह लंगड़ाता हुआ चल रहा था। रास्ते में उसे एक जाट मिल गया। उसने सोचा हौंसला पाने के लिए जाट से दो-शब्द हमदर्दी के कहलवा लिए जाएं तो कुछ सुकून मिलेगा।

इसी उम्मीद में देहाती जाट से बोलो, ''रै भाई आज तो मैं जंगल मैं गादड़ी नै पाड़ (काट) दिया।'' जाट कुछ नहीं बोला। वह फिर बोला, ''रै भाई चौधरी मैं गादड़ी नै पाड़ दिया।'' और जाट फिर भी चिलम पीता रहा और कुछ नहीं बोला।

घायल देहाती ने फिर शिकायत भरे लहज़े में कहा, ''रै तू बोलता ए कोनी, अर मैं गादड़ी ने पाड़ दिया।'' इस पर जाट बोला, ''फेर मैं के करूँ, के गादड़ी मेरी थी?''

★★★

खेत वाली बात

एक बार एक किसान ने अपने खेत में खरबूजे उगाए। खूब देखभाल करके उसने अच्छी फसल तैयार कर ली। खरबूजे तोड़ते वक्त उसने एक खरबूजा, जो ज़रूरत से ज्यादा बड़ा था, अलग रख छोड़ा।

एक रोज़ उस प्रदेश का राजा, जैसा कि किस्से कहानियों में आता है, भेष बदल कर अपनी प्रजा का हाल-चाल जानने के लिए निकला। जब राजा उस किसान के खेत के पास पहुंचा तो उसकी नज़र उसी खरबूजे पर पड़ी। उसने किसान से वह खरबूजा मांगा। किसान ने कहा वह खरबूजा तो उसने राजा को उपहार देने के लिए बचा रखा है। इस पर भेष बदले हुए राजा ने चुटकी ली कि अगर राजा उसका खरबूजा लेने से इनकार कर दे तो? किसान तपाक से बोला, ''तो अपणी... इसी-तिसी करावै'' और उसने एक भारी भरकम गाली भी साथ में दे डाली। बात आई-गई हो गई।

खरबूजा पकने पर किसान उसे लेकर राजा के दरबार में पहुंचा तो उसने सिंहासन पर बैठे राजा को झट पहचान लिया। शरारत भरी नज़रों के साथ राजा ने कहा, ''क्यूं भाई अगर मैं तेरा खरबूजा न लूं तो फिर ?'' किसान बेचारा हक्का-बक्का रह गया। फिर कुछ साहस जुटा कर बोला, ''फेर...... फेर तो वा-हे खेत आली बात !''

★★★

थे भी तो के थे?

अकसर ज़िंदगी की शाम के करीब आम बुजुर्ग अपनी गुज़री हुई ज़िंदगी की तरफ जब कभी मुड़ कर देखते हैं तो इस बात का आकलन बखूबी करते हैं कि उनकी शक्ति और सामर्थ्य क्या था। जहां हरियाणा के बुलंद इरादों वाले लोग अपनी हार को आसानी से कबूल नहीं करते, वहां कुछ लोग ऐसे भी हैं, जो सहर्ष अपनी कमज़ोरियों को मान लेते हैं।

सब जानते हैं कि गांवों में शौचादि की व्यवस्था देसी होती है। उसी व्यवस्था में एक बुजुर्ग जब पानी के जौहड़ के पास गया तो लाठी टेक-टेक कर चलने में उसे कठिनाई हुई। वह अचानक गिर पड़ा। गिरने का गम नहीं, उसे डर था तो इसका कि कहीं किसी ने गिरते तो नहीं देख लिया। सहसा उसके मुँह से निकला, 'इब के सैं-जिब थे तब थे, (अब हम क्या हैं, जब होते थे तब होते थे)।' उसने देखा कि कोई भी उसे नहीं देख रहा है। तब बूढ़े ने इत्मीनान से बैठ कर अपनी जवानी के दिन याद किए। मगर वह तो सारी उमर इसी तरह का कमज़ोरी लाल रहा था। उसने फिर संभल कर मन ही मन वह सच्चाई भी मानी और बोला, जिब थे, तब भी के थे-ऐ-ऐ (जब हम थे, तब भी क्या थे)

★★★

कित-कित रोवैगी ?

एक शरारती बच्चे को उसकी मां ने बहुत सिर चढ़ा रखा था सो सारा का सारा गांव, यहां तक कि उसके परिवार वाले उसे 'मां का पूत' कहने पर विवश थे क्योंकि वह सब के नाक में दम करके रखता था।

मां ने एक दिन समझा-बुझा कर खेतों में काम करने भेज दिया। वहां कटी फसल सूखी पड़ी थी। मां के पूत ने बीड़ी सुलगाई और चिंगारी सूखी फसल में जा लगी। खलिहान में आग लग गई।

अपनी कारगुज़ारी की इतला देने के लिए पूत दौड़ा-दौड़ा अपने घर की तरफ भागा। घर से बाहर उसे उसका बूढ़ा दादा हाथ में चिलम लिए आता मिल गया। पूत ने टक्कर मार कर उसकी चिलम फोड़ दी। जब वह खड़का-दड़का करता आंगन में घुसा तो उसका बाप गाय का दूध दुह रहा था। अचानक गाय फड़क कर उखड़ गई और दूध की बाल्टी बिखर गई।

मां का पूत हाथ में लाठी लिए जब घर में दाखिल हुआ तो छत से लटक रहा छींका लाठी लग कर टूट गया और मक्खन की बरोली गिर कर फूट गई। सामने से उसकी मां चक्की में आटा पीस कर छाज लिए आ रही थी। पूत उससे टकराया और छाज गिर गया। मां के मुंह से निकला, "रे जाये रोये तन्नै रो ल्यूं ऽऽऽ"। मां का पूत चिल्लाया, "आगै चाल, देखिए मन्नै कित-कित (कहां-कहां) रोवैगी"।

★★★

गोरमिन्टी काम

कहते हैं जो मिन्ट-मिन्ट में गौर करे वह गोरमिन्ट (गवर्नमेंट) होती है। और यदि कोई काम ढिलाई से हो रहा हो तो भी कह देते हैं, ''रै भाई यू तो गोरमिन्टी काम सै, न्यूए घिसड़-घिसड़ कै होया करै सै।''

पानीपत के पास थर्मल प्लांट आज से बरसों पहले बनना शुरू हुआ था। उसके बराबर से एक सड़क निकाल दी गई। जिसकी मिट्टी जमने-थमने में भी बरसों लग गए। नतीजतन इस पर आए दिन दुर्घटनाएं होती थीं।

उसी सड़क पर एक बस जा रही थी। बस में झटकोले खाते, देहाती आपस में बातें करते जा रहे थे। एक ने खिड़की से बाहर गर्दन निकाली और. पानी की बहुत ऊंची-ऊंची टंकिया व चिमनियां देखकर हैरान भरे स्वर में दूसरे से कहने लगा, ''देख रै कुतुब की लाट (कुतुब मीनार) तै भी ऊंचे-ऊंचे खम्ब खड़े कर राखै से।'' दूसरे ने जवाब दिया ''रै म्हारे बरगे तो भाज-भाज पसीने (दरिद्रता) ले कै काम चला रे सैं, बाकी इतने बड़े-बड़े काम तो गोरमिन्टी काम हो सैं। न्यूए हो जाया करैं।''

इतनी देर में बस ने एक ओर ढचकोला खाया तो पहला देहाती बोला ''हां भाई, ये टूटी सड़क समारण का भी गोरमिन्टीए काम हो सै, जब-ए तो खा-ढचकोले, खा-ढचकोले। जब होवैगा, तब होवैगा।''

★★★

इसे फैसले कूण करैगा ?

हरियाणा में बूझ-बुझक्कड़ की कहानियां आम हैं और बूझ-बुझक्कड़ अपने ऊंट-पटांग फरमानों और फैसलों के लिए प्रसिद्ध हैं। मसलन, किसी की बकरी का सिर लस्सी की बरोली में फंस गया तो फरमान जारी हुआ, ''सिर काट दयो अर बरोली फोड़ दयो-सुलझ गी राड़।''

एक ग्रामीण के घर देर रात एक अतिथि आकर ठहर गया। अतिथि के साथ उसकी एक घोड़ी भी थी। उसे उसने खूंटे से बांध दिया और आप अंदर सो गया।

सुबह उठा तो देखा उसकी घोड़ी ने बच्चा दिया है। हालांकि हरियाणवी बटेऊओं, अतिथियों के साथ कोई झगड़ा-वगड़ा असूलन नहीं करते, मगर आगंतुक दूर से भी रिश्तेदारी में नहीं पड़ता था। इसलिए ग्रामीण ने घोड़ी के बच्चे पर अपना अधिकार जताया और उसे देने से इंकार कर दिया। उसने दलील दी चूंकि घोड़ी का बच्चा उसके घर में पैदा हुआ है इसलिए वह उसे बच्चा नहीं देगा।

पंचायत इकट्ठी हुई और पंचायत ने बच्चा न देने की बात हो उचित ठहराया। बेचारा अतिथि अपना सा मुंह लेकर चला गया। मगर इधर देहाती ने रोना शुरू कर दिया। पंचायती बोले, ''रै इब क्यूं रोवै सै, इब तो फैसला तेरे हक मैं कर दिया?'' देहाती बोला, ''रै पंचो मैं तो न्यूं रोऊं सूं अक जब तम नहीं रहोगे, तो इसे-इसे न्या (न्याय) के सुथरे फैसले कूण करया करैगा?''

★★★

मैं के भूत काढूं सूं !

हरियाणा में बढ़-चढ़ कर बोलने वाले को बड़बोला और वाचाल को बुलाल कहा जाता है। बड़बोला हर बात को बढ़ा-चढ़ा कर बोला करता है। किसी ने उससे पूछा, "आं रै थारे घरां के ब्योंत सै (आर्थिक दशा)", तो बड़बोला बोला, "म्हारै तो नोट खाटां (चारपाइयों) पै सूकैं हैं।"

और बुलाल इससे एक दर्जा ऊपर का व्यक्ति होता है। वह सीधे मुंह कोई बात नहीं करता। एक बार एक पंचायत हो रही थी। कोई अहम मुद्दा जेरे-बहस था और बुलाल वहां पहुंच गया। पंचों ने सोचा कि इससे पहले वह कुछ कहे, उसकी तारीफ करके उसे विश्वास में ले लेते हैं। एक पंच उसका स्वागत करते हुए बोला, "आओ-आओ।" जवाब मिला, "मैं के बांदर सूं जो मन्नै 'आओ-आओ' कर रहया सै।" इस पर वह पंच चुप हो गया। दूसरा बोला, "आजा भाई, रै छोरयो इस खात्तर पानी ल्याइयो।" बुलाल बोला, "पाणी मैं के पैंचर देखूंगा-किमै दूध-दाध मंगला ल्यो।"

इस पर सरपंच आगे आए और बुलाल को समझाने की कोशिश करने लगे, "अरै गोकल, तूं मेरे धोरै (पास) आ, भाई सलाह दे, तू स्याणा सै......।" गोकल बुलाल बात काट कर बोला, "स्याणा क्यूं कहवै सै, मैं के माणसा मैं बड़े होए भूत काढया करूं सूं।"

★★★

गीदड़ का मशविरा

आमतौर पर किसान जब कोई फसल बोता है तो उसके बारे में चर्चा ज़रूर करता है। इसका प्रमुख कारण है कि खेती हमेशा बड़े-बूढ़ों के तजुर्बे से कोई सीख लेकर ही की जाती रही है और यदि बड़ा-बूढ़ा कोई गीदड़ हो तो फिर कहना ही क्या!

एक बार एक जाट और गीदड़ का आमना-सामना हो गया। वैसे भी दोनों एक-दूसरे को अच्छी तरह जानते-पहचानते थे, क्योंकि जाट को फसल बोनी ही थी और गीदड़ ने उसे उजाड़ना ही था।

खैर, जाट अपनी चिलम ताज़ा कर, हल रोक कर, बैलों को चारा दे, थोड़ा आराम करने के लिए बैठा ही था कि पास ही कहीं छुपा हुआ गीदड़ सामने आ गया। जाट के खेतों में चूंकि कोई फसल नहीं खड़ी थी, सो सोचा कि गीदड़ के पीछे ऐसे समय में लट्ठ लेकर भागने से क्या फायदा? उधर गीदड़ भी थोड़ी ऐसी स्थिति का लाभ उठा, हौसले में था।

गीदड़ बोला, ''क्यूं रै जाट, के-के फसल बोया-खाया करै सै?'' जाट हंसा और बोला, ''भाई ऊं तो तू जाणैए सै, फेर, जुवार, बाजरा, मक्की बो ल्यूं सूं।'' गीदड़ बोला, ''तू खेती करै सै अक झींकै सै, काचर बोया कर, खरबूजे बोया कर, तरबूज बोया कर, काकड़ी बोया कर।'' और गीदड़ की राल टपकने लगी।''

★★★

मन्नै कोनी जाणदा

जहां आजकल नौकरी पाने या कोई काम करवाने के लिए सही सिफारिश का चलन है वहां किसी 'घटिया' अधिकारी पर यह कह कर संतोष कर लिया जाता है, "रै यू तो सिपारसी भर्ती हो रहया सै।"

एक बार एक देहाती को अपना लड़का भर्ती करवाना था। बेचारा दर-दर भटकता रहा, मगर उसे कोई सिफारिश नहीं मिली। हताश होकर बेचारा घर बैठ गया। मित्रों ने उसे सलाह दी कि उसका फलां रिश्तेदार अच्छी नौकरी पर लगा हुआ है। हो सकता है उसी की सिफारिश चल जाए या वह कोई सिफारिश सुझा दे।

बात देहाती को जंच गई। वह अपने रिश्तेदार अधिकारी को मिलने चंडीगढ़ गया। मुश्किल से दफ्तर ढूंढ कर वह अंदर दाखिल हुआ। देहाती ने शुक्र मनाया कि रिश्तेदार ने उसे पहचान तो लिया। देहाती ने भूमिका बांधनी शुरू की। अफसर भांप गया, मगर उसे अपनी हैसियत का अंदाज़ा था। देहाती ने बात बढ़ाई, "यू काम उसै मन्त्री के हाथां मैं सै।' रिश्तेदार अफसर बोला, "सौ फीसदी ठीक सै।" देहाती ने पूछा, "तू के 'मन्त्री' नै जाणै सै?" रिश्तेदार बोला, "हां जाणूं सूं, उसनै तो सारा हरियाणा जाणै सै", मगर वह यह कह कर कन्नी काट गया, "फैर ओ तो मन्नै कोनी जाणदा।"

★★★

लांस-नायक

एक बार एक फौजी छुट्टी पर गांव आया। वह अपने साथ अपने एक फौजी मित्र को भी लाया। मित्र फौज में लांस-नायक पद पर था।

फौजी ने घर आकर अपनी बूढ़ी मां से कहा कि उसके साथ उसका लांस नायक भी आया है, मां बहुत खुश हुई।

शाम हो आई तो फौजी ने मां से कहा कि उसका मन हलवा-पूड़ी खाने का है। मां ने उसके लिए अच्छे-अच्छे व्यंजन तैयार कर दिए। जब फौजी का छोटा भाई उसे खाने के लिए बुलाने आया तो लांस नायक बाहर घूमने निकला था। सो फौजी ने अपने भाई से कहा कि वे अभी खाना खाने आते हैं।

जब दोनों फौजी खाना खाने पहुंचे तो वहां एक आदमी की थाली लगी थी। फौजी अपनी मां से बोला, ''मां मेरा लांस-नायक कित खावैगा?'' मां बोली, ''भाई उस खात्तर तो मैं अच्छी चणयां के चून की शानी की खुराक घलवा दी सै। घोड़े नै इस तै बढ़िया खाना कित मिलैगा?'' ज़ाहिर है फौजी की मां ''लांस नायक'' का अर्थ घोड़ा लगा रही थी।

★★★

कोई भाजैगा !

हरियाणवी समाज में प्रेम विवाह जैसी चीज़ों की न तो मान्यता है और न ही इन्हें पसंद किया जाता है। मगर ऐसा भी नहीं कि युवक-युवतियां शादी-ब्याह से पहले 'निरे कोरे' ही रहते हों। हां जिसकी पोल खुल गई उसका बंटाधार और जिसकी न खुली उसे यह कहकर टाल देते हैं, 'ढके ढोलां का किसा बवाल ?'

एक बार एक युवती को किसी से इश्क हो गया। प्रेमी-प्रेयसी दोनों छुप-छुप कर मिलते रहते। वैसे भी हरियाणा में गांव तो क्या, गुहांड की भी किसी लड़की से शादी करने की मनाही है सो, यह प्रेमी जोड़ा बहुत दुखी था और घर से भागने के सिवा उनके पास कोई चारा भी नहीं बचा था।

वह प्रेमी युगल अपनी शादी के बारे में जिस किसी शुभचिंतक से बात करता तो यही सुनने को मिलता, "हौका-पाणी बंद कर दयधें! जींदे गाड़ दयधें। और न जाने क्या-क्या।

युवती की एक सहेली थी, जिसकी अपनी भी यही हालत थी, मगर वह किसी से कुछ नहीं कहती थी। खैर पहली ने दूसरी से लोगों की प्रतिक्रिया जानने के लिए कहा, "आं ए इसा लागै सै जणू इस गम मैं तै कोई भाजैगा।" दूसरी बोली, "ए कोई डूबै भी सही, दूसरयां का भी नंबर लागै।"

★★★

तू के मदारी सै ?

जब कभी अधिकारियों से छुट्टी लेने की बात हो तो अच्छे बहाने ढूंढ लेना कर्मचारियों के लिए आम बात है। कर्मचारी अकसर अपने बूढ़े मां-बाप की बीमारी या मरने का बहाना बना लेते हैं।

मगर हरियाणा में छुट्टी लेने के बहाने और भी हैं। एक दक्षिण भारतीय पुलिस अफसर से एक ज़िले में छुट्टी मांगने के लिए पूरी फोर्स ने एक तरीका अपना रखा था। वे हरियाणवी का कोई न कोई भारी-भरकम सा शब्द गढ़ लेते और छुट्टी की दरखास्त दे देते। मसलन, ''हजूर म्हारे गाम मैं गिंदौड़ा बंट रहया सै।'' इसका तात्पर्य शादी के आयोजन से है। और, ''जनाब हमारे बिटोहड़यां (उपले) में आग लाघ रही सै।''

पर एक बार नहले पर दहला हुआ। कर्मचारी बोला, ''जी छुट्टी चाहिए थी, घर तै चिट्ठी आई से अक छात में सांप ब्या रहया सै।'' इस बार अफसर ठेठ हरियाणवी था सो वह बोला, ''क्यूं रै, तू के मदारी सै जो घरां जा के बीन बजावैगा, अर सांप काढैगा (निकालेगा) ?''

★★★

तुरंत असर होगा

हरियाणा में देसी घी को इतना कारामद माना गया है कि इम्तिहान के दिनों में भी छात्रों को सलाह दी जाती है कि अगर अच्छे नंबर लेने हों तो घी खाया करें।

एक किसान की फसल पक कर तैयार हो गई। उसने अपने बेटे की मदद से सारा काम निपटा लिया। किसान को लगा कि उसके बेटे ने जी-तोड़ मेहनत की है तो उसे सेहत बनाने के लिए देसी घी खिलाना ज़रूरी है।

उसने अपने लड़के को बुलाया और उसकी पीठ पर थपकी मार कर कहने लगा, "ईब कै मेरे बेटे नै खूब मेहनत करी सै, अपणे लाल नै दो सेर घी खुआऊंगा, देखिए किसा तावला असर होगा।" जब 'तुरंत असर' की बात आई तो बेटा बोला, "बाबू घी तै जब असर करैगा, तब करैगा, तू मन्नै एक पव्वा (शराब) प्या दे अर देख किसा तुरन्त असर होवैगा !"

★★★

मलिक साहब

हरियाणा के देहात में हर गोत्र की अपनी अलग पहचान है। मसलन 'दहिया' को बादशाह कहा जाता है और 'मलिक' अपने आपको मलिक साहब कहलाने में ज्यादा गौरव महसूस करते हैं।

एक बार एक मलिक के खेत में मज़दूर काम कर रहा था। मलिक ने देखा कि मज़दूर मेहनत नहीं कर रहा है, समय बिता कर दिहाड़ी पूरी कर रहा है। उसने मज़दूर को डांटा, "रै माड़ा-सा जी ला कै काम कर।" मगर मज़दूर उसी तरह ढीला-ढीला काम करता रहा। मलिक को गुस्सा आ गया। उसने आव देखा न ताव, मज़दूर को पीटना शुरू कर दिया। मज़दूर ने पिटते-पिटते लाख दुहाई दी, "रै बेटी-बेटयां आले छोड़ दे।" मलिक ने नहीं छोड़ा। मज़दूर बोला, "रै

चौधरी छोड़ दे।'' मलिक ने नहीं छोड़ा। मज़दूर बोला, ''रै मलिक साहब छोड़ दे।'' मलिक बोला, ''जै या बात तू पहल्यां कह देता तो मैं तन्ने इतना क्यूं देदड़ता?'' (पीटता)

ऐसे ही किसी व्यक्ति को एक मलिक से काम पड़ा। उसने कहा, ''रै मलिक यो काम तो कर दे।'' सुनते ही मलिक की त्योरियां चढ़ गई, बोला, ''क्यूं रै, तेरे तै साहब नहीं बोल्या जांदा?'' पर सामने वाला भी कम नहीं था। वह बोला, ''पहले काम तै कर दे, साहब भी कह दयूंगा।''

★★★

गुरु के चेले

हरियाणा में पारंपरिक गुरु-शिष्य के संबंध कोई खास संजीदा नहीं रहे। आमतौर पर उन्हें 'मोडा' कहा जाता है। वास्तव में इनके संबंध अब आश्रम व डेरों आदि में आने वाले 'चढ़ावे' के बंटवारे तक ही सीमित रह गए हैं।

तो किस्सा यह है कि गुरु-चेला अपनी कुटिया में सो रहे थे। गुरु ने कहा-''बच्चा, या झांकी (खिड़की) बंद कर ले।'' सुस्त चेले ने कहा-''गुरु जी चादर ओढ़ ले, तेरी खात्तर झांकी बंद होगी।'' गुरु ने फिर कहा-''अच्छा बच्चा, दीया तो बुझा दे।'' चेले ने फिर अनसुनी कर दी और बोला-''गुरु जी, आंख मींच ले, तेरे खात्तर तो अंधेरा होग्या!'' गुरु को झल्लाहट हुई। फिर भी

कहा-"अच्छा बच्चा, थोड़ा किवाड़ भेड़ ले।" चेला बोला, "देख गुरु जी, दो काम तै मन्नै कर दिए, तीसरा इब अपणे आप कर ले।"

ऐसा ही एक और किस्सा है। एक चेला जब अपने गुरु से विदा लेकर हरिद्वार जा रहा था तो गुरु ने कहा-बच्चा एक शंख लेते आना। लापरवाह चेला हरिद्वार से शंख लाना भूल गया और वापस गांव के गोरे आकर उसने गधे का एक सूखा हुआ हूड (खोपड़ी) उठा लिया और गुरु जी को सौंपते हुए बोला, "ले गुरु जी तेरा शंख।"

गुरु जी ने गधे के हूड को उलट-पलट कर देखा और फूंक मारी। मगर 'शंख' बजा नहीं। गुरु जी ने शिकायत की-"अरै यू तो बोलता एक कौनी।"

इस पर चेला बोला, "बाबा जी, बखत-बखत का फेर सै। जब यू बोल्या करै था तै मीलां तक सुणया करै थी।"

★★★